RESPECT, RIGHTS
AND
SEXUAL BALANCE

RESPECT, RIGHTS AND SEXUAL BALANCE

New Modified Version

JULIO S. CABRERA NÚÑEZ

To order additional copies of this book, please contact:
Palibrio
1663 Liberty Drive
Suite 200
Bloomington, IN 47403
Toll Free from the U.S.A 877.407.5847
Toll Free from Mexico 01.800.288.2243
Toll Free from Spain 900.866.949
From other International locations +1.812.671.9757
Fax: 01.812.355.1576
orders@palibrio.com
708065

INDEX

In memory of two wonderful women who loved me with great devotion and even though they cannot physically be here with me, they will forever live within my mind and heart with the same love: my mother and my sister

INTRODUCTION

The content of this book is based on how I see and feel about sexual morality. Considering that all meaning is the result of our interpretation of the environment, as well as our own experience, of every individual, and so it is I, inspired by different episodes in history and also influenced by the Age we live in, intend that this message is based on respect, honesty and reciprocity that many believe should serve to balance the morality and sexuality in both sexes.

I was once ridiculed and denied my natural rights of expression and freedom; I was labeled as petulant and self-centered, according to the quality of their interpretive ability. They would say, after I quoted some other people's conclusions, and I put that forth as my own definition, which actually did not match any of those authors; I am trying to go against the social and individual principles and concepts established through history by these illustrious personalities. I was also branded ignorant for not having a history of university studies or some professional preparation authorizing and giving me permission to let the world know my opinions based on my own conclusions, both in my environment, and based on my own experiences. I believe that these topics should not be monopolized by or reserved for a select group of professionals with licenses to practice, nor I, when referring to others, intend to give opinions or venture into the fields of Psychology, Philosophy or Sexology. Never should it be assumed that what is reflected in my book may influence someone's personal growth; I am saying that I offer only my personal opinion on how I think people should respect themselves and be honest. Not that my opinion of these professionals is superficial and pointless, it is only in regard to this group the truth is very simple: To each his own, according to each individual.

Regarding a professional license, I think that is no more than a legal document that gives someone the authority to establish their own business and to practice their skills or profession, justifying their financial goals. The license does not guarantee nor is it related to a university education, knowledge, performance and competency in practice. To mention a few cases in which licenses are required in order to operate are Spiritualists, Warlocks and Astrologers, they have also been included because they have been issued licenses so they can provide service. The Science of Divine Powers and Astrologers that these people practice does not require university studies, it is just a simple business based on mental skills, that in agreement with my skepticism, SOME unscrupulous individuals who take advantage of a lot of people who suffer from depression or from some setback or misfortune and since they are so desperate, they are susceptible and vulnerable. People in this tormented and sad condition are easy prey for others, those who are unscrupulous, who take advantage of their calamity. By experience, I know that if in this practice they are acting in good faith, for persons controlled by suggestion or who are fanatical and superstitious, because of that faith they believe in, due to suggestion or fanaticism, they miraculously experience relief from and positive results with their depressive and paranoiac disorders. With inane purpose, these practices do little good or little harm. Although I am not superstitious, I think that by law, life will eventually pay you back all the good and evil you desired or that you did, so we must choose and carry out our actions and thoughts with much care.

Everyone considers these issues related to Psychologists and Sexologists to be very controversial; but I think it's only controversial for and among these professionals who are in constant debate and who are trying to establish patterns to find common meanings in human behavior. For others, the majority, by its very own nature, this is a topic with unique characteristics; with unique details and well defined in people with strong character and criterion. Pity he who needs to seek help to shape and define how they are and who they will be with in life. I also firmly believe that every person with an independent character views the world around him according to his concept of good and evil, with their own moral principles and with the integrity of their emotions and feelings. Please, fully understand my message: I do not deny nor do I ignore the importance and benefits of timely intervention by Psychologists regarding couples, children, adolescents and adults with emotional disorders, whose curative therapy, I suppose, is essential for the well-being of the Society. I am only saying that no one needs to have someone else help him find his own true self, or to know who they are and how they will be, and even less should anyone help you define your own personality or show you how, based on your environment, you can or should define and develop a strategy to behave and cope with triumphs and setbacks during your lifetime. To form and to establish; correcting or changing someone's behavior or character is impossible; in fact, it is just the opposite: Dictators will replace teachers with psychologists in order to perpetuate their cult of personality and their legacy.

I do not disagree with the practices and interventions by Psychologists and Sexologists, Spiritualists and Psychics. Besides being entertaining, I can honestly say, in some cases it appears to outsiders that there are positive effects. I can assure you that they are people privileged by nature with that awesome special "TOUCH," that allows them work with skill in that profession. I think the difference between one and the other (Psychologist and Psychics) is their tenacity and if they have the opportunity to study. When they complete their studies, they become the Psychologists, or if they do not have the money to study they become Psychics. It does not matter since in either case, since both have that brilliant insight with which they so deftly penetrate into the subconscious of others; some do it nobly, others with malice. No matter whether the majority or minority of folks feel that my opinion is pointless or unlikely, this is my opinion and I am free and within my rights. Other's opinions are based on fables and they predominate the world

CHAPTER 1

The way I see or think about these very controversial issues may sound aberrant, but I humbly tell you that I have learned from many people that either one way or another, we agree on many points, and although we share many feelings, which we see and we express, I think that, in my opinion, no one has been so bold and open about offering their judgment on sexual morality, prejudice and limitations that socially or martially characterize or define women. I also know that any conclusion may be real and true depending on the eye of the beholder, or how it is interpreted or by someone who has that knowledge. However, the way I see it and I feel it, I do not think anyone can deny the necessity to socially balance rights, freedoms and moral/sexual equality between men and women in order to put an end to this type of discrimination symbolizing women's sexual inferiority and limitations.

I am not an expert on literature or philosophy; I do not know all the rules of grammar; therefore, I will do my best and try to dispel any doubts while being as coherent, entertaining and compelling as possible. All of this is aimed at cushioning and minimizing any offensive attacks of repudiation against me. Maybe it's because I am not talkative enough and my message may be misunderstood, but when I refer to balance it is not aimed at adding cynicism, impudence or pro sexual freedom into the equation, but to add honor and respect instead. I am aware that my psychological capacity is very poor, but my conclusion is based on the love and respect a woman inspires in me; the value and equality in dignity and joy that women should hold. When I focus on my criterion about sexual balance in both sexes, it is to eradicate the prejudices and in turn equal out the consequences, the benefits and morality, to abolish the betrayals and lies within marriage; to be fair, honest and show reciprocity.

However, in regards to the aforementioned, I firmly believe that Morality is innate and uniquely exclusive to every human being. It is not a Subject Matter or Profession that requires University studies to understand, express, develop and share based their own criteria. I do not believe either this topic is just reserved for professionals or for a select group of people who has been given the privilege or authority to explain to us and / or to show us a pattern or guide on how to behave according to their own ideology or an ideology of a specific government. I believe that if someone could teach us morality, educate our feelings, on how to have emotional and behavior control, then our lives would be very secure, yet way too monotonous and boring. My questions are based on experiences, what I have seen, and what I know and this does not match the present Era, or Honesty, or freedom of expression, of action, nor equality of choices and discrimination against both sexes. I do not believe either that, regarding this topic, the highest of scholars may be more or less correct than I am. Everyone, with different feelings and results, engages and evolves according to their own experiences. Moreover, I believe that in the highest levels of sophisticated culture, are those with the highest purchasing power and therefore they are much more independent and possessive.

This topic, which I explore and express my opinion about, is grounded in my life experiences and the experience of many people with whom I have had the honor to speak to, in behaviors I have observed, in multiple experiences that forge our own unique exclusive morality and feelings; in a reality of adversity in which many of us live and in which we hide or deny our shame to imagine ourselves as higher or privileged, or something that no university studies can improve, worsen, change, avoid or eliminate radically.

Something that is inherent to our character, will, desire, choice, and freedom of rights and those of every person. These experiences, just like feelings and emotions, create and leave their own mark, they are not controlled nor do they respond to someone's teachings, even though the formation of each individual is the empirical result of their known world; that is why according to their character or the experiences of each individual, most of the time there may be similarities in the personalities of many individuals, but never are they exactly the same. Thus neither Experts nor Mediocre people in this subject matter have a certain result that will clearly define the human condition, perhaps by a lower or higher percentage, our character and condition, can, in some respects, fit into a designed pattern and established by some or all of these professionals. I do not know now nor will I be able to give an opinion or draw conclusions about someone's morality or character, but regarding who I am and how I am, no one can define me better than me. This is how I see and feel my world and in turn my emotions and feelings, it's like my personality is defined, it is how my triumphs and setbacks have been identified. I am convinced that each person carefully creates and has his or her own definition.

Here is a funny fact: every day, journalists and professionals take to the streets to carry out surveys. I am not sure if they do this aiming at preventing women from getting pregnant or people getting sick; they say that "more" than a 25% of the population has AIDS. Just like me, there are thousands of people who have not met anyone with this terrible and fearful condition. Ok, maybe they are just writing for pleasure or they simply interviewed people at hospitals. Anyway, they write and confirm that there are "MORE" than a 50% of married women have had a sexual encounter with a stranger or friend alike, or even have had extramarital sex. Many people, especially traditionalists, wonder and answer themselves: Where do these people go to ask these questions? I am pretty sure they go to brothels, to Third World countries where sex is a means for making money, not for pleasure, or to SEXLAND. We, as men, show off our sexual encounters with as many women as we can; however, such endeavors have no place in women's chit chat and this may be due by two reasons:

a) Women's sexual appetites are conformist or limited.
b) Perhaps over pride or shyness or that millennial shame and humiliation imposed on them by men and society that keeps them enslaved. This is why they keep a secret life full of mysteries.

Are these secrets the ones that make such lies and treachery fascinating? I am referring to this because, like myself, there are thousands we do not know of, we do not even imagine our wives or the wives of our friends and relatives as being unfaithful.

CHAPTER II

Without further ado, let us start:

LIMITATION, RESPECT, MORALITY, RIGHTS AND SEXUAL PREJUDICE

I consider the eternal polemics of sexual habits and rules of marriage between traditionalists and liberals as quite absurd. The reason is pretty simple: This topic has fanatics who defend it and extreme detractors which sadly fight over Society's moral rights. Nonetheless, and before starting my explanation or definition of Sexual Morality and the Rules of Marriage, I must remind my readers that a famous concept as morality is defined as an abstract and flexible explanation or definition of Sexual Morality and the Rules of Marriage, I must remind my readers that as famous and exact as morality can be, it is defined as an abstract and flexible philosophical concept that everyone adapts to their lifestyle and convenience, interest, principles and prejudices. What may be normal for someone may turn out to be evil or denigrating to someone else.

From my very humble point of view, the need to break away from sexual routine is as old as marriage itself, so, the motivation to discover, the curiosity to fantasize, the appetite to experiment, the never-ending wish to know more wind up in something more common than we can ever imagine: "The consummation of the sexual need in extramarital experiences" and today, due to equality and independence, THIS IS NOT STRANGE; on the contrary: this is NORMAL for both sexes. This is based on the statistics from the surveys carried out and published by highly acclaimed journalists and other professionals. I can even assure you that society, ruled by taboos, is quite hypocritical, it censors and criticizes those who like to sneak out, turning their adventure and mystery into challenge and betrayal. However, we do know that if we positively accept and take in disappointments and treachery, which may transform us into victims, we know these experiences or disappointments will help us become wiser, stronger and more cautious, to wisely forgive or accept whatever is more convenient for us according to the circumstances we may face. Please, keep in mind that Freedom is a right to all; therefore, no one is entitled to set Conduct patters and, needless to say, intend them to be met.

Happiness within marriage is brief; couples grow weary of each other because of their everyday routines and the stimulation or sexual drive become limited and/or vanishes, leading to anxiety, dragging a couple into boredom, contributing to the failure of the marriage. As marriages are created on the basis of physical attraction, time, over the short or long run, simply crushes them. The guilty party, once the marriage has failed, claims, out of selfishness, spitefulness and/or hypocrisy, to have found love in that second or third or fourth marriage, always forgetting about that fascinating beginning with their first partner. Such unstable and changing people sadly end up alone and abandoned simply because all of their relationships were based on lies and sex.

Love at first sight does not exist. Nobody falls in love with a memory, of a passing light of the image of someone that may not be real again or who does not live with us day by day. It is impossible to love the unknown. At first glance it only leads us or traps us since the unknown equals curiosity, desire and adventure. What we give and take from a relationship will be determined by the feelings we cherish and preserve. Emotionally, every single event, action, detail, day will be covered by that mundane premeditation, induced by a mixed feeling of satisfaction. Love is an unselfish feeling, giving without expecting something in return. In other words: Love is mixture of passion and devotion. For instance: Love is something between my mother and me. No matter if we give material or spiritual things and feelings, we will never expect something in return, and we are only pleased by the joy of giving. We do not love our mothers because they will give us something in return but because of what she, unselfishly and spontaneously, gave us. Here is another good example: I do not intend to deepen in this and turn it into an argument. The largest world group: religious people. They mistake "Love" for a mixture of interest and fear, like something we must give in order for us to receive something in return. They promise something in their preaching:

If you love God, you will get His eternal Mercy.

You will be granted Access to Paradise

You will be granted eternal life, etc, etc, etc.

If you do not do this, you will forever be doomed to Hell's fire. It does not matter if you died centuries ago, you will be brought back to life for a Final Judgment where you will be condemned or absolved. This gives me the impression that God is a Communist, and not a democrat. What does Free Will mean? I can accept being cast away from their privileges but being punished without a possibility of a pardon because I cannot accept them... Wow! That sounds more like the vengeful and hateful doings of reactionary Dictators who have cruelly persecuted and punished his opponents.

Someone, perhaps through their historical knowledge or political affiliation, was highly insulted by my innuendo and sarcasm in naming Communism as the worst and most evil regime that has existed in history. They questioned me on why I did not use Fascism as an example, which has been responsible for the most terrible and heinous genocides in human history. I must remember that my book is based on experience and is not knowledge; unfortunately I have only lived under a communist regime and I live today in a democratic society and that is the basis for my comparison.

Love is infinite, eternal and out of our control. Love is the most pure and genuine of feelings; it lies deep within our inner "ME" without the expectation of who to choose or how it is to manifest itself, it blooms spontaneously and innately, not only to glorify those who receive it but also a blessing for ourselves. That is why when it blooms it will stay with us forever, no matter what we go through. For instance: our son may be a Cain but we will never stop loving him, help him and supporting him. Should our children tell us at birth what they will become when they grow up, love would not flourish unless it is returned to us. This feeling is not masochistic, that is why during adulthood, after kids identify themselves with their true selves and feelings and, in some cases, they show a lack of gratitude. This may be a change for parents in many emotional aspects but love will never dissipate or vanishes. I am not saying children are responsible for difficult family ties, but I do know that a father or mother will never be guilty of the emotional changes that show up and even prevail in their relationships even after their children reach adulthood and independence.

Before a baby is born, a father states his present and future position, as well as his feelings and interest in his child.

CHAPTER III

Seductive beauty only leads to EMOTIONS, DESIRE, VANITY and LUST. No one falls in love with beauty and fitness but does fall for that special dedication. The love and tenderness we get back, that is why we need to let that person who does not love us, but we love, out of our life, so that we are released of a tragic and overwhelming frustration, so that we can find the right person who will love us. If you stay with the person who does not love you back, all results will be useless and may end up in tragedy. We should not expect a miracle; love is not a feeling that blooms out of Masochism or unselfishness.

Throughout time and our own experiences and that of others, I have learned that even out of physical attraction, spiritual stimulation or social acceptance, we experiment and select our partners, we do not have the power to determine who we will love; our heart will decide for us according to the love we get. There are couples together out of pure interest but with time and the implacable and stoic pressure of their charming and pure love, of that restless dedication and good actions, thanks to stimulation and not from gratitude. The magic of love has bloomed to bless such unions as well as when many have gotten married and have kept two relationships at the same time but in the end, they fall in love and marry the person they were not that interested in the first place. This confirms one thing: Love is a spontaneous and mutual harvest.

Some people think that even though their feelings and emotions are quite different from the other, they also admit that some situations they may be alike or they may converge at a given point. Some others differ because their emotional pleasure responds to all of these desires, interests, it's competitive, comparative, and it demands long and short term rewards and stimulation. I believe there is something higher that, just to make it simple, that we may call Sentimental Passion and such a vibrant but peaceful feeling is a gift of noble opportunity that answers no call, purpose or even the command of our very own decisions or will. Maybe some people mistake such a trance sensation with emotional pleasure.

Let us take a look at two very popular conclusions used by many out there to call the moment love takes us by storm and creates a union; the triumph of life is based on sacrifice and the adaptation of two very fundamental elements:

1:- To have enough strength and the will to change the things we can:

A lot of people think that no relationships should be based on contracts, whims, limitations, conditions or adaptations. No one has to suffer the humiliation to stop being who they are just to please that other person, pretending to be someone else. We must stay genuine and natural in order for us to be happy.

2:- Having enough dignity and courage to accept the things we cannot change:

I note that this second conclusion is that which is the most wise, laudable and respectful that may exist in a partner who is honest, respectful and, above all, love also means that this reflection or acceptance and capacity reaffirms the fact that we should not intervene or seek to change the personality of someone who is emotionally stable. There is more dignity, respect and love in showing honesty without the consequences affecting a relationship full of secrets, lies and betrayals.

I do not think there is something greater and more complex and problematic, with more responsibility and sacrifice than asking for total commitment that brings more happiness and security to marriage. When two people decide to get married, the factors that make such union stronger and make it eternal must prevail. Also, there must be compatibility, physical attraction but above all: Unconditional acceptance and an emotional match, because marriage is a relationship with all the range of feelings included and every single one of them must be accepted with the same passion. I truly believe no one should get married and have a family until certain amount of maturity has been reached in order to know how to respect and love his or her own partner, without having reason and feelings, start having conflicts. One must be attentive and know how to interpret the signals and opportunities life sends our way. Remember: Life is wise and just, most of the time we never get what we want out of it, but if we remain patient and wise, sooner or later we will get what we deserve.

CHAPTER IV

I think it is logical and fair that many people have made a mistake once, but those who have tied the knot more than once and have families, only to leave behind the children, unhappy children, children in need. Children need the love and care of both parents every day, attention to what they do every day and not that every other weekend stuff, or child support. Success in children comes from the trust and pride inspired by their parents, with the love they get at home.

When several families have been created by one person, such underlying obligations in the parameters of a new relationship go against the wishes and interests of parents who have more than two families. In my opinion, such careless people (whether a male or a female) take advantage of innocence, mock someone else's feelings, their egos weigh more than anything else and use every marriage to become a more experienced con artist, a womanizer ... what a sad legacy!!!

Pride is to talk about the obstacles surmounted to keep a marriage alive and kicking, not talking about how you hook-up with someone. I think divorce is the most reasonable course of action to put an end to such marriages that, notwithstanding several sentimental ties, have not reached reconciliation. If they still love each other, then it is a relationship worth saving, not just because of the kids but for the paradise that is waiting for them to enjoy together. The question is... why would a man marry a nun or why would a woman marry a priest if they don't love each other???... This is pure suffering!!! ... Love turns us into teenagers again; it makes us joyful and innocent; it overwhelms us with forgiveness, the will to fully live and feel joy in life.

I believe in social standing, in security, benefits, spiritual, financial and family stability within marriage but just like many others, I think each couple should respect his or her partner's rights. He or she is the most important person in the world because this is the person who will spend the rest of his or her life with you, until the end because this person will give us hope, trust, security and love, the kind only parents grant. Because this person will give us love and tenderness, the special kind we give to our kids. No matter who is around us, a person without a good husband or wife will be alone in old age and a good husband or wife is the one we rely on to create a solid family. Any person who gets older and does not enjoy a good marriage will never be aware or will be blessed by true love. Let us remember that, by Natural Law, we never reject our parents or children, we do not replace them, or dump them, but we accept them, love them with all their virtues and defects. I do not think we should punish or stay away from the person we love the most because he or she tried to or even had an affair. Marriages are destroyed by selfishness, hypocrisy and errors on the part of one or the other spouse.

What are feelings and emotions? Are they the same thing? My friends: I am deeply moved by people who ask themselves this question because they cannot tell them apart. In the most sublime and morbid behaviors you will find emotion and satisfaction... Passion is a sublime emotion linked to feelings. Pleasure is anticipation linked to emotions. Emotion is the reaction to pleasure and even of passion!

Emotion can be combined with feelings to create a sublime feeling every step of the way. For instance: To kiss your son, to hug your mother, to make love to your one and only. The other face of emotion is pleasure-driven behaviors: Having sex with that gorgeous neighbor of yours, eating your favorite cake, watching your football team win the Super Bowl... get the idea now?...Then you can see the difference between Emotions and Feelings: the honorable and sublime Legacy of Love. Once again: I do not have a degree in Philosophy, Psychology, Sexology, or any other, but I can humbly guarantee you that there is no pattern or doctor in the world who can define me and see my true colors, my emotions, my needs, better than me. For me, a person's moral balance lies within his/her concept of good and evil all mixed up with his or her emotions and feelings.

Feelings encompass peaceful love in a relationship, from the most humble one to the highest one, making us worthy and glorious alike. It is that devoted passion that does not have to work on a strategy to guarantee results or rewards. Some people say falling in love with your wife or husband is the goal of a happy marriage, but considering that a goal is the end of something we try to reach, I think love is neither a goal nor the end. For me, love is an independent path, although this feeling is the first thing we think of when talking about marriage.

Even though some professionals say that the creation of feelings can be influenced or be the product of the environment we were raised in, I think it is indeed influenced, but not fully determined; maybe it's an exception to the rule, but there are some cases including very noble people who have left very hostile or sadistic environments and yet have developed a immeasurable manner of kindness and self-respect. I think feelings are something no one can give you or remove from you; something no stranger or even by ourselves can we manipulate, and, besides lying within us, they are the main element that set us apart from our emotions, our principles and our ability to perceive good or evil; our concepts of morality. It is the element that distinguishes our honor and personality.

In my eagerness to learn and decode the human character, I have come to the conclusion that each individual is born with their feelings independently developed, strengthened and set without changing their unique identity, which is why no one changes their character, either for better or worse. People only change on the outside with time. I think that, just like we cannot decide who to love, we cannot choose to be good or bad, and these results forge our destiny. For me, Fate, although autonomous, is the product of our triumphs and setbacks, the result of our actions; it is defined by our character, feelings, morale and our concept of good and evil.

Emotion is a cluster of passion that makes us tick or that blinds us at different stages of our lives with different outcomes: Happiness, sorrow, and that which demeans us, as fascinating as it is, will always be alien to love. In most cases we call infatuation when we have a sexual passion that blinds us, that drives us crazy, that makes us lose our dignity.

These fits of madness are the most vibrant ones: they are the ones that give us the most pleasure. The ones we most crave without thinking for a second about the consequences; those we always remember more feverously. When it comes to sex, this should be instinctive, not manipulated; it should not be mixed, filled with hypocrisy and prejudice: women forge an erotic scene with a trail of provocations from a man (in 99% of the cases). Sex should be sought after and enjoyed by men and women with the same enthusiasm and freedom to enjoy it without other limits or boundaries. We should not complicate ourselves with marriage and pregnancy until the euphoria of physical attraction dissipates, and we should allow ourselves to mature and become responsible to find out who we really feel and want. What are the results of this objective behavior? Success and prosperity in life, a happy home and happy children, marital bliss and durability. For instance: Many men and women sometimes relate to women in a derisive way: That one considered as "a bitch" then but who now plays out as a "Prude." I think this lady was brought up her whole life to be submissive and wait for "Mr. Perfect." Trained and raised that way!!! ??? ... Let's take that hypocritical veil from our eyes: We know we all have interests, curiosity in our adolescence and in adulthood (for both, men and women), we gossip with our friends on our experiences to later to put that knowledge to work for ourselves. The triumph of a doctor or other professional is the product of their studies and practices. Emotional success fends off monotony and boredom in marriage, which may vary and depends on the sexual ability of both spouses.

An extreme example of similarity and disappointment: Men do not criticize or feel offended when they are being compared to a porn-star (they even like it), because this means they have sex with many women. Women criticize, reject with scorn, shame and disgust a porn actress. My message is not pro-sex; it is against a wrongly imposed morality regarding women's sex life. If a woman prefers not to suppress their desires and another one prefers to live a modest life, they are free to choose their partners, and no one, Society or people in general, is entitled to feel or believe they are superior because they can choose by themselves and fly high in their sexual freedom or refer to a woman with such typical expression or with rude or mocking gestures aimed at diminishing their integrity.

CHAPTER V

Many couples survive the marital boredom crisis through their love, and sometimes through selfishness, taboos, religious precepts, dependency, for sentimental reasons or through financial hardship and all of these can take what can really be considered as happiness: EMOTIONS, and with that sexual relations. .. EMOTION AND PLEASURE!!! ... Since having sex is conceptualized by professionals from different sectors as a physiological need, I say this: Please, someone explain to me what is amoral about sex that is considered as libertine pleasure. Not always do disappointments leave us feeling sad, not having emotions is far worse than that. I do not know whether Liberals or Sexologists, Psychologists or Physicians think that sexual needs are not different from other physical urges, that is why I think, like many peoples, that sexual pleasure should be met with the same consequences we face when indulging in an excellent glass of wine, a delicious slice of cake, this blissful behavior that leads to ecstasy, a beautiful spring evening and, as such, everybody should be free to accept and express their thoughts equally when with they are with someone in public, or private, to be able to express his or her delight, whether sexually or not. Sex, besides being a physiological need, is an essential part of our existence. When emotion turns into craving and both sex and food can be abused, they are considered as sexy or disgusting, but it is something that really sticks into our memories.

Sex is to be enjoyed without inhibition, without limits, so that both, male and female, can achieve absolute bliss. Unlike love, an emotion can be positive or negative; constructive or destructive. Do not be fooled: Sex is both a right and a need for men and women and love is just a FEELING; that is why it is essential for couples to know how to define and tell feelings apart from emotions. For instance: I am a person who is deeply in love with his wife, but on special occasions I would really would love to have my neighbor's wife in bed, but I never have feelings for her or think about her, or dream about her ... I only want her in my bed!!!

Liberal Opinion: We must be aware that if eating food is the only thing we need to keep our body nourished, sex is the emotional action that feeds the most fundamental part of our existence, and both priorities should not be different from each other, and we should not feel ashamed about them. Instead, we must demand respect and freedom, because sex is not and will never be a social or a moral crime.

Although sex is nothing more than an action, experience tells me we can split it into two categories: sublime sex and wild sex; there is no "BAD SEX". Sex is always good when it is done right, and sublime when made when you are in love; however, there is a very small percentage of the population who think that "MARITAL SEX" is just for Puritan couples and that sex is THE WORST ever, and sometimes even repulsive, but this definition is only conceived when analyzed or imagined by others outside, not by them (the prudes), as they cannot tell the difference. Life is short and there are many bad things in it: suffering, boredom, etc., etc. which makes life very long and unbearable. Thinking about how boring their sex must be, I would prefer abstinence.

There are marriages where perhaps they only have had sex with each other, but they have an amazing imagination or creative ability for that. Others seek to broaden their horizons with movies or experience with friends or toys; they fully enjoy the moment with genuine satisfaction. These couples are happy because they are not burdened by boredom. Prude sex is not due to a mental condition, not a physical or erotic limitation, it is the result of taboo-driven disgrace and misfortune due to an emotional life banish.

CHAPTER VI

Today's generation is growing up with no inhibitions, without limits, without prejudice; under the influence of a civilization that progresses and demands equality, rights with respect. The concept of morality transmitted to our children and our grandchildren will be totally opposite to that of our grandparents. Society today has notoriously changed in comparison to that of our grandparents; although pre-mature, we may mention a new trend: I can ensure that the LGBT community has triumphed legally; this means that all those screwed-up concepts of our ancestors are disappearing because they discriminated and deprived people of their free will. For centuries, the most marginalized, persecuted and despised group was the "Gays;" they are the smallest and the most discriminated against, they stand powerless and despite their tenacity, their achievements, they are not yet widely accepted, only respected and in some circumstances, I would say even feared. The success of the gay community is that they no longer feel ashamed of their choices, rights, desires and sexual freedom. This attitude and / or position has shown us that sexual orientation does not affect and is not linked to social or individual morality.

It is greatly known that, thanks to the progress and development of each generation, there is also an earlier sexual awakening happening in our children along with prudery, taboos and prejudices from most parents. They even have ignored the very important issue related to the consequences and responsibilities related to sex, offending and deprive themselves in participation and guidance of the sexual experiences of their children, with the goal of preventing illnesses, pregnancies and such. I do not know how to define or qualify how hypocritical and sanctimonious this is; I am sure they are not aware that their daughters address sex-related issues, which proves that their kids, now teenagers, are cast apart, they do not need sex education; this is why educators are closer to kids and understand them better than their parents. Parents are compelled to speak and guide their kids: Dads and daughters; Moms and sons. The civilized and fast way in which humanity moves forward these days, makes me have a vision of how great my grandchildren's generation will be: Thanks to father and son communication.

Sometimes I think parents should attend their sons and daughter's sex education classes, so they can learn how to educate and help their children. I can picture my grand children educating their own children free of all that bigotry, embarrassment and prejudice; and for the well being of this and future generations, we should all think of this as the maximum achievement, this intelligent idea, as a knowledgeable approval.

We can guarantee this will be considered a triumph by the liberals, and I don't think society's and the school system's current stand is obscene or damaging. Instead of covering the kid's eyes and ears, they have created classrooms, classes and conference programs where sex education is given to those entering adolescence, still, regardless of the great steps forward in sex education, sex-related topics are still hemmed in by taboos.

However, like everyone knows, outside of these educational sites, talking about sex to a group of adults may be considered offensive, obscene, gross or humorous, mocking or funny. If this group of people is under 18, it may even be considered a criminal act.

I hereby beg the permission of Professionals in this sector, to develop a topic I am not an expert in, but as a father of four boys, I am basing my opinion on that feeling or paternal instinct that leads me to believe that any 13-year-old kid is only emotionally capable to study and be entertained.

Having wisdom as their excuse, some people state the best and worst Mother Nature has granted human beings is language. I think that, equally and under no pleasure or need premise, sex can be very harmful if not well-oriented for children under 10, of course, they need to be educated about this; everything in life has its place and time. I am referring to this because I have met parents who, although some seemed very relaxed about it while others were quite cynical about it, celebrate their male children's early sexual awakening as a gift of being virile and when girls manifest the same they try to repress it by punishing them severely or even by assaulting them. Considering prohibition is the mother of both curiosity and challenges, I think it is better to ignore it so that the child forgets about it or leaves behind something for which they not biologically or psychologically prepared. These children who show this type of precocious behavior may require professional intervention, which is required in order to timely correct or avoid a sex-focused addiction and, as we all now, since sex is the pinnacle of pleasure, doing so not only will it block the possibility of a bright future, it may even degenerate into a disgraceful moral behavior and even a criminal one.

I'm surprised about the explicit acceptance and use of drugs and violence and the meaningful censorship of sex on TV and in films. Someone under 21 is forbidden to watch an "X" rated; yet, he/she has access to very explicit topics including violence and drugs and what a gangster enjoys during his lifetime. Sex is inherent to our lives and evolution; it is legal, normal, healthy, necessary and even physically and socially mandatory. Even today, a manifestation of homosexual sex is not considered immoral or illegal. On the contrary, anything that has to do with drugs and violence, that is definitely harmful and highly damaging for kids and teens academic, social and emotional development. Therefore, I consider that topic should be more censored or banned for youngsters under 21. If this kind of corruption, violence and evil had reigned in times of the "APOSTLES", I am pretty sure an eleventh "COMMAND" had been made to prosecute and condemn this activity. Otherwise, "THOU SHALT NOT FORNICATE" would have been a vacated Command since these so-called Prophets would have worried a bit more to punish such "CANCERS" destroying our Society and our kids' morality than going after bigamists and/or adulterers.

The thing that could destroy and endanger someone the most is ignoring how to control his emotions. While still young, many men and women who fall for beauty cling to every relationship they come across just as lustily and tenaciously as the first or the last one until their lust thirst is grotesquely quenched. In the name of a legendary and bogus love, with the same phony act, they live together in a pigsty thinking it is a luxurious mansion. Because of the lack of help or advice, or the absence of one or both parents, these young people show eccentric, outrageous and even obscene behavior without realizing that they are missing out or wasting the best moments of their lives… the very foundations of their future lives. Youth will come to an end and with it the life's opportunities and attributes. From my point of view, most of these young people live and die ignoring true love; some of them vanished from society, or even life itself, over shame, disease, vice and physical, as well as, moral deterioration. For them, love is nothing but a bogus thought, a mirage. Others, a second group, shooed away that person that could have turned out to be "The One". Most of them, or even all of them, prosper in life, they form a strong-loving family. However, they argue that conjugal love, as pure and absolute as can be, does not exist. Love is relative depending on evolutionary passion and different characteristics consistent with age and every single stage of human life. For them, it all spins and is achieved based on expectations; everything must be thoroughly calculated and measured amongst them because they need to satisfy their interests and appetites. If this definition is logical, then there must be several different kinds of such an illusion they like to call Love.

I am not sure why, but an old interview tithe celebrity José Luis Rodriguez, El Puma just popped in my mind now. It was about what it takes for a man to woo a lady. If I am not mistaken, here is what he said: "Money kills Hunk and Fame kills Money." This man, whose life is full of Money, Fame and Beauty, must know what he is talking about, but after giving serious thought to this, I have realized that his many ventures can only be based on a relative rate of them, a fact that does not break or undermines my theory. These three factors influence and, blinded by various emotions, even determine competition when it comes to scoring with a woman. Nevertheless, these emotions do not guarantee finding love. Women will only give in to vanity, power, fame and interest. The flow of this relationship will only depend on what this life-chosen person is able to give. I believe in love and I know how supportive a couple who is in love may become.

CHAPTER VII

Not long ago, a housewife was to stay at home, raise children and serve her husband; she was even forced to endure all kinds of physical, emotional and psychological abuse. She had to put up with her husband's affairs and even with the fact that he had more than one family. There was a time when women were even deprived of the right to study, but a higher cost of living led to Social and Labor emancipation and equality for women; she was now able to help her husband pay the bills at home, but in the end women remained the same sexual salves of their boss but then, man was robbed of his proud sexual banner which deliberately read: "unlimited free sex." Now we know that promiscuity or adultery is legally punished in a Civil Court, men's dignity is in no way affected by this. Here is what I do not understand about women: They think cheating men are some sort of champion, but reproach cheating women instead... WOMEN!!! ... Please, don't do that, don't go against yourselves, be solitary and try to socially and morally balance your sexual status so that each spouse is aware of the consequences of their actions. Fear not: studies also show that, although men look more arrogant and confident, they are also more vulnerable even though they are the ones losing a lot in a divorce trial. Men can become more tolerant than women, according to those same studies.

This Sex vs. $$$Conflicts$$$ era needs to end now so that a Sex vs. Sex one blooms; thus, both spouses are equally free to decide whether to start a fully disclosed monogamous or polygamous relationship. For me, any law considering extramarital sex a crime is simply stupid because no one should own some other person's emotions and desires, let alone hold Judicial power to limit or keep a person from achieving his/her likes and desires. Also, a 99% of these trials are opportunistic, insulting and financially demanding... moral offenses are paid off: that is vile!!! It is even impossible to confirm that the sued party, after being caught red handed, was the only one or the first one who cheated in that marriage.

I think that for our families' sake and well-being, marriage should last forever; couples should enjoy that wonderful and even sacred union both as young and old lovers. I think there is nothing more sublime and beautiful for a couple than turning to monogamy, but of course, if this means losing their touch and drifting away from love, other means to avoid this, including fantasizing, are called for. There are many therapies that stay off the privacy or integrity of conventional marriage; there are even lots of fun stuff to do, still within the public boundaries, without crossing the line to the SWINGER world. When a couple faces marital problems but they still love each other, the first person to be consulted is a sexologist; then, if necessary, a psychologist. If no sentimental reconciliation is possible, then a lawyer must be contacted.

The Rules of the Integrity of Conventional Marriage were born of religious, archaic precepts supported by obsolete and selfish ethics. Religion and Society were a lot more different in the past than they are today because, as science progresses to aid Humanity, Religion now finds it harder to convince people with false premises and that is why is in constant evolution, now a dying institution, to avoid oblivion.

For Church, action and desire meant a sin, no matter what. In the past, a woman accused of wanting a different man was the worst mistake she could make as this meant she needed to be tortured to death. Considering that we are still trying to figure out what lies within the human mind these days, it is unworthy to assume how someone take an accurate guess on the wishes, thoughts or desires of a woman in order to fairly send her to her death.

Men need to get my message across, therefore, I urge you to, at least in your imagination, go back in time, let's say, to the Fifteenth Century, and picture a woman who, guilty or not guilty, burned at the stake in front of you: what if this was your daughter, your mother, your sister, your granddaughter or your innocent wife? Considering how narrow-minded people were back then, I can assure you that a good 99% of these women were not guilty; they were just the victims of infamous slander or vengeance. Throughout my life, those men and women with the foulest lewd conduct, the more opportunistic, circumstantial, false, fickle, lying, profiting, possessive, picky, sly, etc., etc. of conducts I have come across with are those self-proclaimed as Christian or Religious. HOLD YOUR HORSES! It's not just my perception here, history is my witness. In a lower percentage, and not in general, I also had the joy of interacting with religious people whose morality, prestige and unwavering integrity were unbreakable; people who honor what they preach. After wondering for a long time why these people of little or no faith and voluble morality remain in these circles of Honor, Goodness and Respect, I came to the conclusion that if someone needs to take the blame, those are Pastors. Ruled by ambition and the tithing need to fill their salons with any type of Parishioners, they make sure their opulent lifestyle never ends. We should not forget how governments consider churches a business and as such, Pastors must have their hands free to operate.

We have been taught that the Bible was written by very wise people and, according to them and Bible followers, these wise people were chosen by God to bring His message to all of us; I am somewhat put off now by the way this old message is being manipulated nowadays, modified and adapted to the times we live in. I do not want to get into detail by trying to analyze Religion's brutal crimes, but here is an example: Adulterers, Mobsters, active Homosexuals and who knows what other kinds of sinners and criminals are already reconciled with the Church. Ok, blame it on scandals; I can understand gay reconciliation because there would be no Priests otherwise, or even high-ranked church ministers if things were different inside the church itself. Here is another example: even though cheating men are still considered as sinners, and cheating a misdemeanor, adultery is not a capital sin anymore... Did the Kings or ministers of Churches are God or are they authorized to undo the word of God or, something more frightening: are we to assume that there has never been any law or manifest from a God at all? I think this is the right time to ask ourselves: what is Fact and what is Faith? What is Science and what is Religion? Let's not forget that with the birth of Christianity and the Bible, the Kings and Princes of the Church moved wisely to correct God's will when, on the other hand, they willingly and selectively overused the gospels that would rule the church and its followers. Christ's disciples and followers were enlightened people, according to them, God-sent individuals bearing a message for us. Nonetheless, such inquisitive and murderous men, labeled the Gospels as canonic and false after the Third Century just to comply with their interests and ambitions. This was a law and cannon imposed by war and blood, not love.

What this means is that I am not educating anyone and I hope that no one wants to educate me on this topic, this is a matter of faith and the interpretation of mysteries. There is no text or quote attributed to Christ and his disciples in reference to the Apocryphal Gospels; not during his life and not in the teachings the founders nor in the early Christian religion, including the pilgrimage of Paul of Tarsus.

It was not until the Council of Trent in the 16th Century, that the acceptance of the Apocrypha was formalized, much to my astonishment. Why correct the wisdom of the Son of God? Why censor what the Apostles and Christ did not censor when they created the Christian doctrine?

I think that the way that the Gospels were written in riddles only leads to people taking advantage of that for their own benefit. There is a Bible and thousands of religions and each has a different version according to their interpretation. This is my opinion on the Apocrypha: Due to there being such a wide range of opinions and ideas, it was necessary for the Church to revise and correct the Christian doctrine to not only minimize the options but in this way avoid the threat or possibility of the emergence of new competitors. This also gave them the ability to create Laws that give him power to decide and the authority to accuse and condemn heretics, going from one extreme to another, from burning human beings to the ridiculousness of excommunication.

In the same way, the new civilizations have sought answers and have eradicated reactionary and totalitarian regimes like Fascism and Communism. I do not think that Communism has disappeared completely, but in countries in which it is still practiced, it so modified that we can see it as a movement of a new expression of rights. We do not forget that the democracy that prevails today in the USA, is not like that of the 1950's. Since the Church will never return to rule and lead the world, nor will it be able to impose its designs and laws in the future, near or far, Christianity will not go away, but like Communism it will undergo drastic changes. Each civilization after ours will demand and live with more respect, rights and freedom.

Although many consider me to be stupid, immoral and aberrant in my position, I must remember that there is an incalculable group of very bright people who are those who have managed to bring the truth forward about this topic. I do not feel the need to impugn, or rebel or demand is unique to this generation. I'm sure that throughout history there have been very intelligent and wise people, so there was freedom and respect in earlier times; The combination of these two factors creates courage.

Sorry, we will now return to our main subject: extramarital SEX. We can talk about religion later if you don't mind, since I would have to make an account of many of the historical passages on which my conclusions about authority and religious credibility are based on. Plus I would not like to pour in my view on religion in this kind of manifesto. Sex is something marvelous that belongs only to those living the moment; it is the sole propriety and decision of those exercising such an exquisite delight. It would be a blasphemy to match both issues which, at a certain point in history were opposites, almost enemies, and you must all know that besides being a liberal I am also an accomplished materialist.

Previously, I emphatically tried to stand out the reasons and rights I am naturally helped with regarding emotions and feelings. However, theology, history, literature and other sciences have nothing to do with human being's behavior and personality. Even though I am not interested in this and my theological education is zero, I cannot nor should I introduce or deepen in this prolific and controversial issue. But based on some facts or passages I have read, either in a storybook or in the Bible, or maybe I heard on TV, my opinion is based on the above mentioned and on trust, respect and faith in God. Due to the lack of reliable evidence, the iniquities, blood and religion's excessive abuse to the world, I have decided to become an atheist and a materialist.

Something to mull over: out of the three great monotheistic religions, and despite being one of the oldest religions, the one with zero or just little blood spilled, abuses, dishonor and crimes in the name of God is Judaism; it is even the only one that does not have Christ think of himself as a Messiah, a prophet, a son and, not by a long shot, a God.

The scientific community, based on evidence preserved for us by nature, relying on sophisticated, yet, unerring precision instruments, and supported by exhaustive and meticulous results backed by wise people, leaving room for no doubt, has sought a reasonable theory to explain our origin as a species but human beings by nature faith follower and will never accept the fact that our origin is far from Divine. From the very beginning, depending on to culture and region we are set in, many religions in different civilizations have existed for centuries until they were crushed under the bloody imposition of a not superior but militarily stronger culture. Today, the largest religion in the world is the Christian-Catholic one, adopted by The Great and Powerful Roman Empire during the Fourth Century. Thanks to their warring power, not only did this religion topple the others and last centuries, but it came to wiped out several cultures, deformed social traditions and crushed religious principles, destroying valuable Legacies in the process, how can we be sure if we are truly the seed of a God, namely Christ's God, not the Aztecs, Incas' or Egyptians' Gods, far older cultures? Christians, in their lust for power and wealth, annihilated the competition. Perhaps a great deal of people, or even all of them, consider Jesus Christ as the most transcendental man in all history, bust such merit may not be his own, but that of the Roman Empire, if we have as a reference how it used to be and how Christ was considered before and after the First Council of Nicaea. Some historians and theologians conclude that the Christianity was that was approved at the First Council of Nicaea, is more akin to the peculiar Christianity of Constantine I, and those knowledgeable in the field have stated that these principles go totally against the teachings of Christ. In addition to the contradictions within the current Bible and the various branches of Christianity, what most discredits this, that takes away from its prestige, is that these Christians laws and texts were established in the time of the inquisition, serving the will and interests of pagan tyrants and corrupt priests, who were invested with extreme power. For example, with what type of Christian integrity or moral nobility we can honor Constantine?

Today, we thrive towards our origins: some have theories and conversations with aliens, some others are UFO hunters and thanks to a well-educated civilization, we are not at risk of suffering bloody wars. Let me make this as clear as possible: is there were no DNA testing nowadays, those alien worshipers would have already chosen the wisest and fittest of their followers and had brought it forward as the true and only son of Andromeda Galaxy's King. Needless to say, I have no idea what his message to our civilization would be.

CHAPTER VIII

For centuries, Traditionalists have tried to include or explain "SEX" as a feeling; they even came up with the following phrase: "MAKE LOVE"… nonsense. Their goal was to confuse us and rob our freedom and rights from us. Love is a feeling that blooms pure and spontaneous; it has even been classified into different kinds of "LOVE", another tall tale. I passionately love my daughter but I would never want to have sex with her, the fact that I love you with more intensity and purity does not mean that there are different types of feelings or loves. Just like marriage, friendship is a love feeling, besides being a principle of loyalty. A pretty good example of emotion: Sex and hunger. If they are joined by need and desires which, unlike love, is purely spiritual, there are many other ways of expressing your needs/desires in order to be satisfied. Both hunger and sex demand particular attention and course of action. When a relationship is based on pure emotion, it turns boring because such need has been excessively satisfied, leading to a lack of pleasure, turning it unbearable. On the other hand, one never gets tired of loving.

CHEATING: Swingers, the happiest and most radical group out there, think that this only happens when one sentimentally offended or betrayed. Once a true family has been consolidated, they live and think outside the box. There is no room in any way for mistrust, doubts, secrets or lies. Swingers have evolved into this alternative and safe lifestyle since it is embraced only by selected couples who still respect and love each other; for those whose relationships are based only on conditioning; for those who do to others as others have done to them, I tell you that the fairest and mutual Law of them all is: An eye for an eye and their submission does not bother them.

A very real example: men and women enjoy extramarital sex even though they are both already married...and this is and will be inevitable because, without exceptions, this is out of our control. The message is simple: HONESTY. Why show your true colors in the shadows? Why lie and cover the truth with a false illusion? Discriminatory chains oppressing other more conflictive and problematic sectors linked to social and sexual morality have been broken nowadays. Both men and women can hook up with someone who is more beautiful, younger and bolder; yet, no matter how much this other person tries to conquer or break the marital bond, a spouse will never be convinced to replace a husband or a wife for someone who makes us lose our heads at the moment. This is a very comforting attitude; it is a privilege to know that someone loves you and that, under no circumstances, will you be abandoned. I believe a lies will never beat honesty. We must be able to accept out of love or reject over pride, but above all, we must live fully aware that our decisions are far stronger than any lie. Lies lead to more lies that slowly take us into doom and anguish maze, creating self-speculation about what the reaction of such dishonored spouse will be. It also forces us, out of fear or blame, to make the wrong decisions, dooming both man and wife to disgrace. When we want to behave in a liberal way but do not want to lose, hurt or offend the person we love, for the couple's sake and love, we must create and move within a platform of absolute freedom. Full trust and sincerity, no prohibitions or conditions, that is what these relationships are based on, this means that leaving any detail out is not the same as lying because such couple will be aware they will always get the truth simply by demanding an explanation. A system of trust and honesty and respect results in a fair and perfect relationship. The message is clear: don't do to anyone what you would not like done to you, and if you will behave in a liberal way, do it to freely bring your emotions to realization and so you will also gladly accept and allow your partner, not fueled by revenge but freely decide without fear to retaliation, the attitude towards your emotions and flings. There is more dignity, integrity, respect and love in an honest and liberal couple than in those who are burdened with betrayals, secrets, lies and hate. Marriage and friendship are both based on a principle of loyalty and are described with a simple term: HONESTY. By considering this under any context, a possible relationship among motivation, purpose and satisfaction of honesty and sex, leads to parallel results and, in most cases, incompatible and non-mixable.

Marriage is based on the principles of loyalty and love so when trust and freedom are offered but sexual encounters take place secretly and in the shadows, that's called adultery, cheating, and mistrust. A cheater must never be forgiven because they are not worthy of respect or trust. Therefore, I think an honest and trusting couple should be free to decide; divorce should be a mutual decision but they should also share, tolerate or act with the same emotional reciprocity. I'm not saying that every time they have their favorite drink or food nor have great sex they need to run to confess to a priest, just tell your partner what you like and let them know you have needs and likes that need to be filled as well. Never base your relationship on selfishness and greed. Perhaps this strategy, may sounds bit inconceivable, illogical or irrational, but many prefer this to becoming a victim of betrayal and secrets. Secrets and partial truths is what lacerate marital integrity and denigrates the human condition of both conservatives and liberals. I'm not advising or suggesting anything here, I'm just writing down life experiences I've witnessed for anyone to analyze and draw their own conclusions in case they want to lead an honest life; should this be your case, start working on them. However, the end result will be influenced by your own feelings, emotions; principles, damages and definitions; your own concept of morality. When people are after the ultimate guide to life they usually end up dazed and confused because it will not be you in charge but someone else. We must nourish ourselves with these experiences; we must be self-taught when forming our own character and self-aware about our destiny. There is no pre-designed pattern to follow, each situation and character calls for a different approach, and when someone finds out who they really are, they will always be I peace with whatever decision is made.

CHAPTER IX

I know I am an not an educated man and my academic experience is far from good, but even so, I am no stranger to morality, and my perception of it is not poor at all. That's how I feel and see this aspect of morality and the human condition and I am sure that every person with a mind of his own and free will has very clear mind about this issue. The way I see it, although inherited, Morality and Character; Emotions and Feelings, answer to no pathologies, they are not transmitted through a virus; therefore, there is no disease nor cure to them. No one may acquire or transmit certain feelings, emotions or morality through any type of education simply because they do not belong in an exact science. Hence, not even the wisest of scholars may establish or define an exact pattern of common behavior; that would be petulantly arrogant, if hypothetically possible... to achieve this would go against human evolution. This is an issue that concerns us all because the very elements that defining who we are flourish there, that is why we are entitled to express our opinion, compare and even throw some piece of advice without trying to force others to belike us.

The points I bring forward are simply the result of my reflections and conclusions based on my experiences, my knowledge, how my emotions and feelings have been affected by all of this after I lived, read or heard from it. I am sure many will agree or disagree with the way I feel, some will consider my points of view as ramblings, but that's the beauty of debate, hypothesis or thesis.

If I am motivated to write about this is to have everyone express how different social facets of human behavior play out for them. I'm sure that will contribute positively to the constant evolution of the Human condition. We must all contribute to stop this world from being run the way it was long ago: wrong. We must stick to our times and freely express who we are and what we want. We all must walk our very own paths, walk in the middle of any society with pride, dignity and respect.

Traditionalists have a bad habit of attacking and criticizing everything that goes against what they believe in and vouch for; they even continue to believe the guardians of power or authority dictating social norms like in the old days, ignorant of the fact that today's society carried the burden of respect and freedom.

Traditionalists state a "REAL" marriage is just between a man and a woman. Today respect and morality can go hand in hand but we need to ask ourselves: what is reality and what is fiction? You can touch and feel reality, just like morality, it does not drift away from the philosophic concept. Reality does not always mean we can touch and feel because we transform it into irrefutable truth thanks to our lies and manipulation. Reality belongs to each and one of us, it's what sets you apart and at the same time takes us closer to ambitions, emotions and desires. Some say reality equals reality pus morality and respect but some of us state:

sentimental and moral values considered as Conventional to any marriage are Honesty, Respect and Love.

Society today has freed all children and parents from their inhibitions and prejudices, letting young people over 18 to move together before tying the knot and this has led to a free and ample range of friendship shades. Sex in this generation does not lead to moral or social conflict and is very often designed for pleasure or excitement without any sort of consequences among friends. This kind of freedom has taught us to differentiate between emotions and feelings, to seethe word HONESTY under a new light, it has given birth to a movement called Swinger, which aimed at eradicating the so-called dysfunctional marriage, has revealed a new and alternative lifestyle for people who are in love.

Emotions never stab a family tie in the back simply because having sex responds only to desire, not to the heart. For Swingers, loyalty and love go together in hand until the end; one way to shoo away the grim ghost of boredom and jealousy, they unleash their emotions free of any prejudice, censorship or fear. People only get jealous when they play mind games with themselves, not when they see something happening. Betrayal crushes us from the shadows, it never shows itself, and otherwise, we would kick in the teeth. Prohibition is synonymous with curiosity, challenge and betrayal. Take prohibition out of the equation, and no morbidity would lure us to give in to it. A very popular and contagious saying reads: If we had the heart in our heads and our brain in our chests, marriages would last forever because we would reason with love and love wisely. I disagree with this because I am sure that acting like that would only lead to Machiavellian relationships and would extinguish the enchanting magic of love, putting out the flame of love, the one that makes passion live longer. This is true for old couples, who have survived thanks to that sentimental security and perfection leaving traditionalists and liberals behind, during that stage of life in which Love and emotion merge in real Love, when you stop being a spouse to become LOVE itself.

Swingers are no hypocrites, their actions are not anxiety-driven, they have no justification or accountability to render and, most importantly, they do not lie, they do not hide; they share. This stage or revolutionary lifestyle creates trust, respect, desire and love, consolidating a perfect and happy marriage because after forming a family, you must educate it, take care of and love it until the end of the road. FACT: The best stepfather or stepmother in the world will never replace the worst parent in the world, blood always calls. I am not urging anyone to do anything or making propaganda of any sort. I believe men and women should be the same and always give the same you are given so that we can all honestly equal the odds. We must realize that we cannot control, govern or fight against the will and wishes of others; in most cases, they may secretly fulfill their wishes although at a very high price: their life, their happiness or family well-being.

A Swinger with many partners who has read this book pointed out to me once: The Swinger concept only applies to both men and women who agree to it, not just one of them alone. In my opinion, besides agreeing with that, pleasure and desire should prevail. If this evolving lifestyle is subject to that rule, then they will not have a liberal marriage but a traditionalistic and conventional one in which women sometimes have to go against their interests or desires to please her husband. I am basing this opinion in the act that, regarding sex, men are opportunistic while women are selective. If this condition or requirement exists in some liberal marriages, then I believe that such marriages are based on opportunism and leverage, not the respect and freedom that I believe should be demanded and set by the above mentioned liberal concept. A woman does not belong to any man, nor should it be used as bait. There is one way to see this: you are either an Unrestrictive Liberal or prohibitive Traditionalist.

CHAPTER X

Chauvinists think that only men are entitled to enjoy SEX. One of the most essential features of the human condition is to value and accept what is best for us, so after observing behavior patterns in the animal kingdom within the natural or wild habitat, we justify our selfishness claiming that, naturally, a female belongs to just one male and one male to several females. This is the Alpha male, a farmer's Stallion. In wildlife, a male is surrounded by a bunch of females. Luckily for skinny, fat, weak---physically and mentally--- ugly, sickly prettily, poor, illiterate and even with physical deformities, man differs from animals because he has feelings and a self-governing mind. Besides possessing an instinct, men have feelings as a main asset, an autonomous virtue leading our destinies and crushing vanity, need, and superficial desire. That is what puts us on top of the animal chain and those lofty feelings with pride and distinction there are a large percentage of couples under many or all comparative approaches are uneven, but very happy and emotionally sound, that saved many obstacles and boundaries to be happily in love. However, there are monogamous species in the natural creation and these macho men have very limited horizons, they will never stop to observe and compare themselves with insects, birds and other animals that are loyal to the death.

Marriage is one of human life's intrinsic natural laws, but we do not have buy into the "live-together-forever" myth. Laws were created to perpetuate couple's loyalty and this applies to both men and women, but if statistics are correct, we need to see a different perspective and context of the word LOYALTY. I think a dysfunctional marriage is one in which both man and woman lead a life of infidelities and secrets. Today women are independent or even far more independent than men; they have no limitations and have the same liberties and obligations than men. In many cases, women may be more autonomous than any men. They are not just entitled to have sex with each other; beyond pleasure, women are wonderfully endowed with absolute determination and capacity of the most sublime of the consequences of intercourse: Motherhood.

According to certain criteria or studies, it is assumed that there is no woman who has not wanted to spend a moment of unbridled lust with some passing-by stranger at least twice a week or who has not fantasized with her favorite artist. A friend or neighbor could have even been hit on her but since she is limited by prejudices, taboos and / or beliefs, she represses her rights, emotions and appetites. Fantasizing and desire are not only men's favorite games; women by are more sexual by nature. I also believe that Desire also has that magical charm that turns us on, sometimes even more intensely us than Love and, no matter the goal, makes us dream and delight with the impossible or unrealistic. Therefore, while we are captivated by such magic and, although it makes us live in a fragile bubble for a moment, it does fulfill its goal of making us feel important, happy and satisfied. Both should be desired, sought and enjoyed with the same intensity, regardless of the original intent, what really matters is to enjoy such moment because that is one of the exceptional and unique gifts we are gifted with by certain Divinity called Opportunity.

According some studies, women would never dream with their current partners; this means that consciously and subconsciously they enjoy their fantasies; even if they are only a dream, they manage to achieve this fascinating climax full of the most erogenous spasms and lustful thoughts. If a woman's fantasy man is nearby, perhaps surrounded by dark morbid secrets and mysteries, and she unleashes her lust or she will hold back due to the prejudice and desire-driven conflict and confusion, or simply due to mixed feelings and emotions. However, women self-deprive from assessing reality: It is a well-known fact that a good 98% of men will never pass on the chance to have sex with someone and he will never fear the consequences. If that man was caught red-handed he will express some kind of repentance in order to save and preserve his family out of hypocrisy, selfishness or perhaps love. Considering the reality of our Era, I would love everyone to sincerely answer this question: how does sex affect family ties, social status and moral integrity? If we turn to polls and statistics, however, this volume of adultery for both genders, leaves marriage unaffected and unchanged. Probably deception and betrayal is the nowadays marriages' trademark. Good, consistent with the results by such recorded statistics, we must accept that although there is no evolution in the rules, adaptation lies within: secrets, lies, treachery, betrayal, etc. is degenerating marriage into a classic human comedy; a degrading charade.

There is a stage in life in which we are fully HAPPY: teenagers live life free of prejudices, actions are innocent, facts are healthy, relationships sincere, emotions prevail, and friendship and sex merge reaching the most effervescent orgasms of our lives. It is the stage in which sex prevails without getting in friendship's way. This same concept is what characterizes SWINGERS' meetings. Joy in sex does not turn into a tragedy and does not force anyone to feel respectful, as well as unconditional friends. This is mainly because a negative side of this, like pride, will be replaced by honesty and prejudices by reason. From these experiences and pleasures we learn to differentiate and sublimate marital sex, and reference is made to statistics. Divorce rates are very among them and a huge percentage of marriages have been saved when many couples looking for a solution to their deteriorating marriage turn to the SWINGER lifestyle. They do not regard this from a different or negative perspective, but from a REAL one. Rest assured: there will be a SWINGER COMMUNITY someday; they will be the largest one because they are the best out there since they focus on family ties, not prejudices, because they are the ones who do not mask their marriage or denigrate their honesty.

Although a few or maybe a lot of people may feel offended by what I have written, I'm sure you all know that having sex just for fun will never go away and it is for that very same reason that I point out and acknowledge how much honesty, respect and balance lies within Swingers. However, I am convinced that there is nothing or something more Honorable and Worthy than a monogamous marriage. I disagree with lies, secrets, betrayal against any action that would besmirch the word Honor or denigrate the word honesty. We must impose truth and respect to not to allow such marriage to become a Circus full of clowns and puppets. For many married couples, besides being a solemn and sacred union legalizing a couple's love under strict and absolute standards of loyalty, respect and love, marriage is not an action that deprives or changes someone's identity. I admire women and men who repudiate promiscuity and who understand that no one is forced to regard them as a role model of conduct. We must respect the choice of liberal extolling honesty, as well as the traditionalistic choice made by those disgracing honesty.

Therefore, I have come to the conclusion that this lifestyle is the best choice for couples who are on the verge of separation, but still match their feelings. Apart from breaking the taboo barriers, they get rid of hypocrisy of false morality we all bear because it covers us in shame. Marriage is emotionally saved and sex turns active once again, keeping families together, being happy and, above all, learning to respect and love what we really are and give to others.

Some professionals have estimated that the population of swingers may be between 6% and 7% of the US population, if this were true, this figure would be quite high, considering that those under the age of 18 and over 65 are outside of the people who are aware, available and sexually active.

CHAPTER XI

Since times immemorial, slavery, discrimination and ungodly laws imposed by man have existed. The revolt of the black man and the changes of times favored the various movements fighting in pursuit of freedom in his triumph to abolish slavery. With progress and civil rights confirmation, discrimination has been eradicated and today we all live under the same legal and social conditions; nevertheless, hidden under hypocrisy cloak, women accept and live under a voluntary or imposed a despotic yoke of morality. I do not understand yet why these submissive, slavish and discriminatory concepts keep passing from one generation of women to the next and, most surprisingly, why the message is not getting across. Women secretly disgrace honesty by turning to cynicism, hiding mean actions, as well as extreme and outrageous attitudes. They utter derogatory statements against women who are liberally open ... THIS IS A FOUL SCAM!!! When a woman has sex she breaks this ancient and evil so-called circle of honor and morality, when in fact it is a circle of humiliation and limitation. Laws and Social Rules have been created by men and as such they only respond to their own interests. Whereas morality and sex are not related, they are also parallel elements. I think it is women, not anyone else, who undermine or underestimate their own dignity, calling themselves whores, and adulteresses... men are not offended or humiliated when speaking out their sexual urges!!!

Women are more committed, more scarified than men, they work at home and in an office, an 80% of them, or even more, are also responsible for housework. Women are emotionally more honest and supportive than men. If woman is the victim of a tragedy leading to physical separation, a 90% of them are more likely to be abandoned by men then the other way around: only a 20% of women leave men. I base this conclusion on my own experiences, not that irrational thought of women being asexual ... We should all honor them: they are more honest than men!!! Nature is wise, that is why women were chosen to bear a baby. I am not fostering promiscuity, I am urging sexual equality in sexual balance as a tribute to the courage and honor women deserve. I advocate eradicating this hypocritical facade of morality and I urge them both to live without consequences, to materialize our desires and rights or otherwise live with the respect it demands and deserves.

I think that women, just like men, must try to break free from the fake morality a submissive and fictitious concept; they should naturally face, conquer or try to establish a relationship with any man they want to. They have to fight for what they want because mistaking pride with inferiority, insecurity and prejudice may result in kissing their true love goodbye. Indulge yourselves in the pleasure of rejecting what you don't find interesting. Please, also experience the disappointment of being rejected by others. Women have a false saying: he is a man and he has nothing to lose ... (WHAT DOES HE WIN???)... But I can't do it because I am a woman.... (WHAT DO YOU LOSE???).

Since the dawn of mankind, submissive and even masochistic morality adopted by women naturally or traditionally is only the consequence of centuries of violent and brutal physical and psychological abuse to please men's wishes. Even until late in the Modern Era, never anywhere in the world, in any culture, nor any ethnic, social, political and religious group has regarded women with dignity and respect. And after being man's personal property, they have been treated just the same as or even worse than a pet. During the Contemporary Era, thanks to the progress of Science and Civil and Human Rights, women have fully acquired achievement and her rightful place in society. I am not sure if this is true or just a joke, but men were believed to possess women after they were "BEATEN". If women had the same physique as now but also men's strength, they would be the ones who had been subject to punishment and inferiority. In case both men and women showed the same physical strength since day one, any social, moral and sexual privileges they had would have been parted equally.

I'll give you another example: a 90% of heterosexual women who witness a homosexual act between two women tolerates it but does not condone it. If they see a homosexual act between two men they repudiate and consider it abhorrent and unacceptable. I think that, in terms of sexual morality, women feel more identified with men than with their own sex because:

A) They attack adulterous women;
B) They attribute merit to cheating and womanizing men;
C) They tolerate lesbian acts;
D) They despise gay acts.

If a man had 100 brides, both his mother and father would praise their son's exploits, but they would never speak about her daughter if she had had more than 3 boyfriends... !!! What kind of psychological morality is this??? ... For a woman there is only one man in the world entitled to own all the women in the universe: HER SON, and two men entitled to one woman: her husband and her father.

There is a comedy radio program called the "LUIS JIMENEZ SHOW." Although this is a comedic radio show, people are influenced by it since it openly and harshly attacks the Church in such a manner one could label them as "OFFENSIVE." Nonetheless, and despite the negative comments (which are many and varied) of many, the program grows in popularity and audience. If the program one day joked about the "GAY" community, not only would they be censored by all kinds of community activists and radio managers, I think it would also be canceled and they would be sued. Therefore, it is necessary for women to stand up and fight for balance on the precepts of moral / sexual freedom so they have the same sexual freedom and moral attributes as men in virtue to the values ruling conventional marriage and against promiscuity. Swingers must also fight for their rights and respect. Sex, whether liberal or just to have a good time, is a biological and natural need. We must understand that morality and sex; love and desire; feelings and emotions are different concepts, there is no shame in openly trying to stop being labeled and/or being marginalized as an OBSCENE and DENIGRATING group.

To wrap up my dissertation on the regulations have deprived women of their rights and equality for centuries, I shall include the following:

In the 1940's, in addition to multiple discrimination and despotic limitations that considered women a submissive and inferior being, women's dignity and morality was obscenely limited to hymen. Of course, this was caused by very limited academic opinions a single woman without an intact hymen to offer was in risk of lacking all sorts of opportunities and respect for a long time. When a single woman enjoyed sex because of need, desire or plain pleasure she was not only rejected by men, she suffered even worse from other women and sometimes was forced to extreme measures: she had to live in a convent or was disowned by her parents, relatives and even friends in order to confirm her love and respect for their parents, otherwise, they had nowhere else to go to live but brothels.

After taking a close look at all these aspects of a woman's life, which are present in all historical and even religious manifestos, I simply cannot understand this fake, conformist and submissive behavior. I think women have the same intensity, the same appetites, emotions and desires than men, so I do not understand women's ability to accept discrimination as a synonym of pride, modesty, dignity and morality. They should rise and enjoy the same level of freedom, privileges and consequences than men or for men to step down and have the same limitations and prohibitions than women and find the right balance between both. They suffer the same moral prejudices and benefits as individuals and as a couple and they should be accepted and shown off.

EPILOGUE

Whereas all the topics I have written in my book are not based on fiction, but on the reality we all see, hear and even feel, I do not understand or find the amoral part of it so I do not know how to catalog such attack I have been the victim of in order for me to be ridiculed and demerit prestige to my ideas. Therefore, I must start by saying that Philosophy is the most abstract, speculative and evolutionary science of all and a schematic and systematic way in which humanity's greatest thinkers have classified human behavior and morality has been based on the time and environment they lived in. In order to measure the action and the magnitude of their ideas with challenged or supported in those times, we must go back in time. To cite a few of them: I think both Hegel and Mark are both great fathers of universal philosophy and both have contributed widely to the great development of modern days. Although Hegel was had both leftist and rightist trends, he was always an Idealistic, contrary to Mark, who was a materialistic.

Considering that every age represents a new puzzle, mankind and society have always had issues that have lashed humanity for centuries. I have not studied these great philosophers because I believe that their thoughts and criteria would have been very different had they lived in this time. My lack of interest in ancient or modern philosophy was not due to incompetence, but because of incompatibility with such individuals, as well as social and moral concepts in each civilization. For instance: when I learned about the humiliation, exploitation and abuse in Europe's middle and lower classes during the Eighteenth and Nineteenth Centuries, Marxism seemed like the best system to turn to, but today Marxism has no acceptance or logic. Thus, all these philosophical doctrines from the greatest thinkers of all time lack any sort of sense and use nowadays after the progress of each era, society and civilization, in a near or far past. Here is another example to show that humans work and think according to their surroundings: It was easier and possible for great writers like Wells, Verne, Clarke, Heinlein and others, thanks to their great imaginations, to visualize impossible things in their time, things that are very common in our times; however, not even for them or for a renowned "CLAIRVOYANT" as Nostradamus was possible to imagine that were would be a time in which homosexuals and prostitutes came to terms with both the Church and Society.

Metaphorically speaking, I will symbolize life or society as a TREE; I will liken the writer with a painter; the canvas with paper, brush with pencil, letters with colors and then put the stand in front of the tree that is in front of us. We now paint everything we see, know and have tasted from that great and wonderful tree and, although we all see and know the same things, we always add different shades to this. This means that although we use the same words to describe our findings and criteria based on our intellect, our feelings, emotions and morality will always bear a different meaning to us that only belong to us. We all have the same tools and elements, just different features, we all live similar events and experiences; therefore, we must respect and admire anyone who dares to speak out against injustice. Today there are various and different movements, but they are all in pursuit of freedom, respect and equality to avoid old-fashioned societies.

Any unbiased reader knows that, under every principle and approach, marriage is the most sacred entity and should only be conceived when full maturity and love are present and reached, along with loyalty and trust.

Although my background is atheistic and liberal, I will always back such integrity symbolized in monogamy and against mockery, deceit and betrayal, which denigrates conventional marriage. When I describe the swinger marriage style as an alternative option, it is because I consider an outrage to look for something we are not able to give: I am talking about those selfish people who dare to prostitute the concept of HONOR; it is for those who, with lies and betrayals, question the integrity of honest, non-conventional marriage.

Many of us believe that loyalty and trust are not synonymous and under with sexual exclusivity. There are liberals and traditionalists the context couples, there are also rules or boundaries for each, as well as love, but marriage lacks loyalty, trust and honesty for both sides. Extramarital sex is not what offends the concept of Honesty, or the sacredness of marriage, much less the splendor of love.

In the same way as politicians and priests choose partners with an affinity to their doctrines, I think that traditionalists and liberals should select partners who identify with them in order to avoid dysfunctional marriage.

I do not know anybody who has learned or knows the "value" of something through other people's experiences. I know there must have been a victim of some misfortune, to know the real value of that woman who loves you and who chose to be with you as your eternal partner. I know that if we love, respect and protect a woman the way she deserves it, we will get in return a woman with such courage, loyalty and love that would compare to that of a mother.

THE MESSAGE OF MY BOOK IS: LOVE, HONESTY AND RESPECT

As an addendum to my book, I will explain something that has led to confusion in some people because I was not clear enough: age and friends.

AGE: I am not sure if the following falls into a Professional category; what I am really sure about is they are based on past experiences, known facts, not theories. Most Psychologists and Sexologists consider it important for a couple to be contemporary in order for it to reach success, as well as emotional and sentimental stability within marriage since eagerness, will and character change over time. I know from experience that when you are still young and there is chemistry, affinity and willingness, age difference, within a 15-year-range, is an element that does not influence or determine the moment a couple has managed to keep all those emotions and feelings beating until an old age, as well as give love, value and respect earned by each of them... wait!!! But there is another group of "PROFESSIONALS" who are neither Psychologists nor Sexologists but who also spend their life criticizing, and concluding on such unions' intentions: "JEALOUS PEOPLE".

Although it might be true that such relationships are generally hooked up by low opportunism, advantages and interests vs. needs, immorality and ambition, I think that whatever these JEALOUS PEOPLE believe affects women a lot more than it affects men. This is why I believe we should not generalize since a high percentage of women possess integrity, morality and above all, they are together with the man who has loved them and who has cherished their merits. Also, only in those couples with a noble-hearted young person on one side and an adult whose character evolves and adapts to a new generation will work. There have been couples with wider age differences and even though they eventually broke up, this does not mean there were never love, respect and satisfaction during the time this couple stayed together. Maybe it was a timely and friendly break up, no regrets, no offenses, on the contrary, a respectful, true and affective relationship took over, just like a real and lose relative would. When the age gap is too wide, both biological and social appetites pertaining to each and all of human life's stages and needs are simply ignored. Therefore, one must let go off something that will never work out in the future. Only couples themselves ad those really close to them are aware of the genuine and wonderful feeling of such brief relationships. Pretending to feel something is grotesque and rough. Real feelings are vibrant; they are deeply and tenderly felt at all times.

FRIENDS: When I spoke about sexual freedom among friends, many thought I meant the swinger style. I believe this kind of sexual freedom with friends is only possible during adolescence or that first stage of adulthood when you are very young and you are not in a hurry to have a family. In order to evaluate and review the consequences of sex between friends, you had to go through this at least once at some point or moment of our life as a teenager. It could also take place amongst early adults; you must understand this is only functional and has no side effects for people of liberal upbringing. Liberals know how to set and manage emotions and feelings on separate channels. That is how you can distinguish and manage sex without getting confused, because they respect boundaries and do not go beyond their goal.

A liberal friend of mine, whom I have known since our college vacations, and whose effort has paid off for him since he has a privileged intellectual and social lifestyle, he told me that it is still too early to move towards acceptance of an alternative style of liberal marriage, not because of discrimination or repudiation but out of fear to collide with a remanding iceberg of past social taboos still floating around in our civilization. He also said that even if the group is still small, this type of marriage is based on freedom, trust, and absolute and inconsequential loyalty, besides the obvious: "LOVE". He also emphasized the fact that the definition of swinging is an activity within liberal marriage. However, immaturity and confusion motivated an extreme and dirty aspect of this; there may be a large sum of people mislabeled as swingers. My friend even believes that this practice should only be performed amongst couples with a certain level of friendship and trust, because sex with friends is fantastic, trust makes it easier to transcend or venture into all sorts of fun and emotions without fearing of hurting someone's feelings or honor. He also stated that sex with strangers will never be safe, fun or pleasant because, besides being the target of all kinds of risks, there are no emotions or expectations or interests or relationships to protect. Based on these honorable criteria, the liberal concept of those individuals is considered an offense, those seeking sex with other people of the same or different language and who state the following: I speak English or Spanish or Russian, etc. and also speak the language of love or sex. He believes we can consider both traditionalist and liberal concepts of the so-called conventional marriage these days adequate. After observing the general population's behavior and acceptance of various improper conducts, as well as the most common and frequent reasons considering marriage something dysfunctional, a liberal marriage may also be considered as dysfunctional in some cases because there are traditionalist and liberal people who have been mislabeled as such and both discredit each gender's integrity.

I addressed the Swinger issue to remind those people, whether a man or a woman, that there is an alternative lifestyle that is not pitted against the sexual life they want to live according to their needs, desires and appetites. On the contrary, there is as much or more respect, honesty and morality in a traditionalist, dysfunctional marital union than in any other. I think they should not betray or lie to the person who will stay next to someone for the rest of their lives and that everyone should have the option to accept or reject or choose what their consider honorable or favorable to them.

Back to liberal sex with friends: If none of these two friends keeps any kind of commitment or relationship with another person, I think that as long as emotions are not mixed up with sex, they should be safe. Sex should always appear unexpectedly and should be wanted by both sides. We cannot foresee or anticipate the possibility of having sex with someone at a party with friends. If we try to have sex and do not succeed at it we end up frustrated. Random sex with friends, besides being more exquisite and unconditional, tells us who we feel happier and more satisfied with during and after a party. Sex should be maintained just for pleasure and as the culmination of our satisfaction; it should be considered an ingredient of such party as was the music, the food and drink. However, some people, mainly young people, state that due to appreciation and trust, sex with friends is safe, fun, enjoyable and very satisfactory, but only single "VERY" adults perform a sexual act as the prelude to a formal relationship that ensures ultimate union. For youngsters, there is no risk of getting confused or need to look for something.

Friendship with benefits is quite different from sex with friends. Friendship with benefits is a murky relationship based on interests or even on ambition, as well as fear of losing financial assets that can lead to jealousy and ridiculous scenes. For me, using the word FRIENDSHIP in this type of relationship is an offense to morality, loyalty and love because the goal of this union is a financial exchange for dishonor in which one does not give or receive anything in return, emotionally speaking, and the other one is only paid with self-satisfaction.

We all have two families: a biological one and the one we choose for us, the one that stays with us unconditionally in times of triumphs and setbacks, and this family is called FRIENDS. In most cases, it is more important than our biological family. That is why it is disgusting when self-denigrating people use this word to classify their dishonor.

This book was made aimed at teaching us we are not judges or should we judge others based on our personal behavior, or to condemn or excuse others. We are just part of a civilized community and as such we should only respect and accept the freedom and rights of each person

En memoria de dos maravillosas mujeres que me amaron con gran devoción y aunque físicamente ellas no vuelvan estar presente en mi vida, con el mismo amor ellas siempre vivirán en mi mente y corazón: Mi madre y mi hermana

RESPETO, DERECHOS Y EQUILIBRIO SEXUAL

Nueva Versión: Libro Modificado

JULIO S. CABRERA NÚÑEZ

ÍNDICE

SINOPSIS

Atendiendo el gran progreso de la evolución Humana y Social de hoy día, la cual ha contribuido en la erradicación de los perjuicios y discriminaciones que ha azotado a la humanidad por siglos; A una civilización que demandando justicia, con equidad ha establecido Libertad, Derechos y Respeto, es por lo que considero una blasfemia a la moral cuando observo cómo se continua perpetuando ese milenario y mal denominado circulo de honor y dignidad en relación con la Moral sexual, cuando en realidad es un circulo de humillación y discriminación que la mujer por tradición acepta inconsciente y voluntariamente; Debido a esa actitud conformista, capaz de confundir sumisión con orgullo, es que al sopesar perjuicios y beneficios la balanza continua privilegiando a los hombres y marginando a las mujeres del mismo derecho y consecuencias.

Conmovido por el respeto y amor que la mujer merece, es lo que me motivó a escribir este libro, y no obstante a las opiniones negativas que yo pueda generar, sin importar que yo sea Liberal o Conservador, nadie podrá negar la verdad que hay en mi escrito, como tampoco la necesidad de establecer el meritorio equilibrio Moral en honor y agradecimiento a la mujer.

Al escudriñar en la moral de las civilizaciones de distintas épocas de la vida, ha sido solo para demostrar la noble intención de mi mensaje, el cual que lleva consigo impreso todo el valor moral, respeto y amor que debe simbolizar a la mujer.

Lo redactado en este libro no lleva la intención de ofender ni herir a alguien, además, lo que he plasmado no es una fantasía, es la realidad que nos nutre, vemos y escuchamos hasta en los rincones.

INTRODUCCIÓN

El contenido de este libro está fundamentado en como yo veo y siento la moral sexual. Considerando que todo significado es el resultado de las interpretaciones del contorno, como del fruto de las experiencias de cada individuo, es por lo que yo inspirado por algunos episodios de la historia y también influenciado por la Época que vivimos, es la razón por el cual significo que este mensaje está fundamentado en el respeto, honestidad y reciprocidad que muchos opinamos debiera equilibrar la moral/sexual en ambos sexos.

Alguien con el propósito de ridiculizarme, ignorando mis derechos naturales de expresión y de libertad, me catalogó de petulante y egocéntrico porque según su calidad y capacidad interpretativa, él opina que al yo citar algunas de las conclusiones de otros y exponer mi definición, la cual no se conjuga con las de estos Autores, yo trato de navegar contra los principios y conceptos sociales e individuales establecidos a través de la historia por estas ilustres Personalidades, como también me tildó de ignorante por yo no poseer una base de estudios Universitarios o alguna preparación Profesional que me autorice y permita sacar, para después exponer al mundo mis opiniones relacionadas con mis propias conclusiones, tanto sobre mi contorno, como de mis propias experiencias. Considero que este tema no está monopolizado ni reservado para ese grupo selecto de Profesionales que poseen licencias para ejercer, ni yo (refiriéndome a terceros) pretendo opinar o incursionar en el campo de la Psicología, Filosofía o Sexología y mucho menos suponer que lo plasmado en mi libro pueda influenciar en la formación de alguien, subrayo que solo redacto mi personal opinión sobre como yo considero que las personas deberían respetarse y ser honestas. No es que mi opinión sobre estos Profesionales sea superficial e insustancial, solo es que en lo que respecta a este sector que yo me refiero es sencillamente muy simple: Propio de cada individuo.

En relación con la licencia, significo que no es más que un documento legal que concede a alguien la autoridad de establecer su propio negocio para ejercer sus habilidades o profesión justificando el fin financiero. La licencia no garantiza ni se relaciona con estudios universitarios, conocimiento, resultado y seriedad en una práctica. Por mencionar algunos casos que para operar necesitan licencias: Acaso también son Profesionales los Espiritistas, Brujos, Astrólogo porque a ellos también se le otorgan licencias para que pueda ejercer brindando sus servicios. Esta Ciencia de supuestos Poderes Divinos y Astrológicos que estas personas practican no requiere de estudios Universitarios, solo es un simple negocio de habilidades mental que, según mi escepticismo, ALGUNOS individuos sin escrúpulos se aprovechan de muchas personas que al ser víctimas de depresiones por cualquier revés o infortunio, están muy desesperadas, susceptibles y vulnerables; personas que bajo esta condición de tormento o tristeza son presa fáciles para que otros (solamente refiriéndome a ese grupo de inescrupulosos) puedan sacar ventajas de la calamidad de alguien. Por experiencias sé que si en esta práctica se obra de buena Fe, personas que estén bajo cualquier estado sugestión o que sean fanáticas y supersticiosas, por esa Fe con la cual ellos se identifican, por sugestión o fanatismo milagrosamente experimentan bienestar y resultados positivos con sus trastornos, tanto depresivos como de paranoia. Sin propósitos mezquinos, esta práctica si no hace bien, tampoco hace mal. Aunque no soy supersticioso, creo que por Ley, la vida eventualmente te devuelve con creces todo el bien y el mal que deseaste o hiciste, por eso debemos elegir y conducir con mucho cuidado nuestras acciones y pensamientos.

Todos consideran este tema relacionado con Sexólogos y Psicólogos muy controversial, pero yo creo que solo es polémicos para y entre estos Profesionales que están en constante debate e intentando establecer patrones para buscar un significado común en la conducta humana; para los demás, la mayoría, por naturaleza es un tema con características propias; con detalles únicos y muy bien definido en personas con carácter firme y criterio propio. Pobre del que tenga que solicitar ayuda para formar y definir como y quien será en la vida, incluso también firmemente creo que toda persona de carácter independiente visualiza el mundo que le rodea acorde a su concepto del bien y el mal, a sus principios de moral y a la integridad de sus emociones y sentimientos. Por favor, que se interprete bien como es mi mensaje: No niego ni desconozco la importancia y beneficios de la oportuna intervención de los Psicólogos en las parejas, niños, adolescentes y adultos con trastornos emocionales, cuya terapia curativa supongo que es esencial hasta para el bienestar de la Sociedad; solo digo que nadie necesita de otro para encontrarse a sí mismo, ni para saber quién y cómo es o será y mucho menos que alguien le ayude a definir su personalidad; ni tampoco alguien le enseñe como de su contorno pueda o sepa absorber y elaborar una estrategia para comportarse y enfrentar sus triunfos y reveses durante su trayectoria por la vida. Formar y establecer; Corregir o modificar la conducta o carácter de alguien es imposible, de haber sido contrario, los Dictadores sustituirían los maestros por Psicólogos con el objetivo de perpetuar la personalidad y el legado de ellos.

Yo no estoy en desacuerdo con las prácticas e intervenciones de los Psicólogos y Sexólogos; con Espiritista y Psíquicos, pues además de entretenimiento, con buena Fe, en algunos casos logran sugestionar a terceros con efectos positivos, e incluso te puedo asegurar que estas personas (las cuales pertenecen a la misma especie) están privilegiadas por la Naturaleza con ese impresionante "DON" tan especial para ejercer con decoro esa profesión. Yo creo que la diferencia entre unos y los otros (Psicólogos y Psíquicos) consiste en su tenacidad y posibilidades de estudiar; Los que finalizan sus estudios, son los Psicólogos, los que por desgracia sus recursos los privan de esa posibilidad, son los se convierten en Psíquicos o Espiritistas, pero no importa, en ambos está esa brillante iluminación con lo que hábilmente penetras y manipulan el subconscientes de terceros, unos con nobleza, otros con bajezas. No importa si la mayoría o minoría consideran que mi criterio es insustancial o inverosímil, esta es mi opinión y mi libertad de derechos, otros basados en otro tipo de fábulas predominan en el mundo.

CAPÍTULO I

Tal vez te parezca aberrada mi forma de opinar o reflexionar sobre este temas tan controversial, pero humildemente te digo que he aprendido de muchas personas que, ya sea de una forma u otra, igualmente concordamos, y aunque similarmente muchos sentimos, vemos y nos expresemos, creo que antes de mí, nadie ha sido tan audaz y abierto exponiendo su criterio respecto a la moral, perjuicio y limitación sexual, que social o conyugalmente caracteriza o enmarca a la mujer; También sé que toda conclusión puede ser real y verdadera según del ángulo que sea analizada, interpretada o por quien haya sido expuesta, sin embargo a como yo lo veo y lo siento, creo que nadie puede refutar la necesitad de equilibrar socialmente el derecho, libertad e igualdad moral/sexual entre hombres y mujeres para poner fin a esa manifestación de discriminación que simboliza inferioridad y limitación sexual en la mujer.

Yo no poseo ningún conocimientos profesional en literatura o filosofía, ni domino las reglas gramaticales, por ende, con la mayor claridad trataré de despejar dudas haciendo mi escrito lo más coherente, ameno y convincente posible, con el objetivo de amortiguar y minimizar cualquier ataque de repudio u ofensa del cual probablemente seré víctima. Tal vez yo no sea lo suficientemente locuaz y mi mensaje sea mal interpretado, pero cuando me refiero a equilibrio no es para agregar cinismo, descaro o una libertad pro sexo en la báscula, si no para sumar honor y respeto. Estoy consciente que mi capacidad Psicológica es paupérrima, pero mi conclusión en este sector es por el amor y respeto que la mujer me inspira; por el valor e igualdad que con dignidad y regocijo la mujer debe ostentar. Cuando enfoco mi criterio sobre el equilibrio sexual en ambos sexo es para erradicar los perjuicios y a su vez igualar consecuencias, beneficios y moral; Para abolir la traición, la mentira en el matrimonio; Para que seamos justos, honestos y recíprocos.

Sin embargo a lo anterior expuesto, creo firmemente que la Moral es algo innato y de peculiar exclusividad en cada ser humano, no es una Material o Profesión que se requiera de estudios Universitarios para entender, expresar, desarrollar y compartir un propio criterio. Tampoco creo que este Tema solo este reservado para Profesionales o para un selecto grupo con el privilegio o facultad de explicarnos y/o enseñarnos un patrón que nos oriente cómo comportarnos acorde a la ideología de él o de un específico Gobierno. Considero que si alguien pudiese enseñarnos moral; educar nuestros sentimientos; como controlar y comportarnos emocionalmente, entonces la vida fuera muy segura y estable, pero excesivamente monótona y aburrida. Mi interrogante está fundamentada en experiencias, en lo que veo, en lo que conozco y esto no se conjuga con la Época actual, ni con la Honestidad, ni con la Libertad de expresión, de ejecución, ni con la igualdad de opciones y perjuicios en ambos sexos. Tampoco creo que en lo que respecta este Tema, el más célebre Universitario pueda tener menos o más razón que yo, todos, con diferentes sensaciones y resultados, nos involucramos y evolucionamos acorde a las experiencias vividas. Es más, yo creo que en mayor grado de sofisticada cultura, será más elevado el poder adquisitivo y por consiguiente mucho más independiente y posesivos.

Este tema que abordo y sobre el cual opino, está fundamentado en experiencias vividas por mi y por muchas personas con las cuales he tenido el honor de conversar; en conductas que he observado; en múltiples de experiencias que con singular exclusividad forjan nuestra propia moral y sentimientos; en una adversa realidad que muchos vivimos y la cual por vergüenza ocultamos o negamos para imaginarnos superiores o privilegiados; en algo que ningún estudios Universitarios pueda mejorar, empeorar, cambiar, evitar o radicalmente eliminar; en algo que es propio del carácter, voluntad, deseos, elección, libertad y derechos de toda persona. Estas experiencias, al igual que los sentimientos y emociones tienen y dejan su propia huella, no se rigen ni responden a enseñanzas de alguien, aunque la formación de cada individuo es un resultado empírico en relación entre su personalidad con su contorno cognoscible, es por eso que acorde a carácter o experiencias de cada individuo, en muchas circunstancias puedan haber similitud en la personalidad de muchas personas, pero jamás serán iguales, por ende, Expertos o Mediocres en esta materia en cuestión jamás tendrán un acertado resultado que defina con exactitud la condición humana, tal vez, por ese por ciento menor o más elevado, nuestros carácter y condición, puedan en algunos aspectos encajar dentro de un patrón diseñado y establecido por algunos o todos de estos Profesionales. Yo no sabré ni estaré capacitado para opinar o sacar conclusiones del carácter o moral de alguien, pero en relación de quien y como soy, nadie puede definirme mejor que yo. Así es como veo y siento mi mundo y en correspondencia a mis emociones y sentimientos, es como se distingue mi personalidad; es como se han identificado mis triunfos y reveses; Estoy convencido que cada persona cuidadosamente elabora y tiene su propia definición.

Un dato curioso: Diariamente salen a la calle Periodistas y otros Profesionales de distintos sectores a realizar encuestas. Yo no sé si con el objetivo de evitar embarazos o posibles enfermedades dicen que "HAY" más de un 25% de la población con SIDA. Al igual que yo, hay millares de personas que no conocemos a alguien con esta temible y terrible enfermedad; Bueno tal vez solo escriban por placer o solamente hicieron sus entrevistas en Hospitales. De igual modo escriben y afirman que "HAY" más de un 50% de mujeres casadas con experiencias sexuales con extraños o conocidos y otras, hasta incluso con aventuras extramaritales. Muchos, principalmente los conservadores, se preguntan y responden: Donde van estas personas a realizar sus encuestas?? Seguro que a los prostíbulos, en los países del Tercer Mundo donde el sexo es por necesidad y no por placer, o a SEXOLANDIA. Nosotros los hombres si narramos y nos pavoneamos de nuestras aventuras con cuantas personas podamos, sin embargo estos alardes no tienen lugar en las tertulias de las mujeres y esto, tal vez debe ser por dos razones:

a) Los apetitos sexuales de la mujer son muy conformistas o limitados.
b) Acaso por pudor, por orgullo; por la vergüenza o por esa sumisa humillación que por Siglos hombres y sociedad la tienen esclavizada es por lo que ellas mantienen una vida llena de secretos y misterios.

Será acaso que esos secretos son los que hacen en las mujeres más fascinante esos momentos de mentira o traición. Digo esto porque al igual que yo, hay millares que no conocemos, ni nos imaginamos a nuestras esposas o a las esposas de nuestros amigos y familiares cometiendo adulterios.

CAPÍTULO II

Sin más preámbulo entremos en materia:

LIMITACIÓN, RESPETO, MORAL, DERECHOS Y PERJUICIO SEXUAL

Considero muy absurdo la eterna polémica sobre los hábitos sexuales y las reglas del matrimonio entre conservadores y liberales, debido a que este tópico tiene fanáticos defensores y extremos detractores, los cuales y entre ellos, tristemente se disputan los derechos morales de la Sociedad, sin embargo y antes de comenzar con mi explicación o definición sobre la moral Sexual y las reglas del Matrimonio, debo recordarte que de una forma tan célebre como acertada, la moral esta´ definida como un flexible y abstracto concepto filosófico, el cual con aspectos característicos de cada cual, todas las personas adaptan acorde su estilo de vida, como también moldean según su conveniencia, intereses, principios y perjuicios. Lo que para uno puede ser normal, para el otro puede ser nocivo o denigrante.

A mi humilde juicio, la necesidad de romper con la rutina sexual es una práctica tan antigua como el matrimonio, por lo que la motivación de descubrir, la curiosidad por fantasear, el apetito de experimentar, el deseo insaciable por conocer concluyen en algo mucho más común que lo que podamos imaginar: "La consumación de la necesidad sexual en experiencias extramaritales", y hoy, debido a la igualdad y a la independencia, NO ES RARO, todo lo contrario: NORMAL por práctica mayoritaria en ambos sexo, y esto lo fundamento en las estadísticas de las encuestas realizadas y publicadas por periodistas u otros profesionales que gozan de mucha reputación, incluso te puedo asegurar que la sociedad, regida por tabúes es hipócrita, censuran y critican lo que ellos les apetece hacer o ha escondida hacen, convirtiendo su aventura y misterio, en reto y traición, pero sabemos, que si con positivismo aceptamos y absorbemos las desilusiones y traiciones de las cuales podemos ser víctimas, estas experiencias o decepciones servirán para convertirnos en personas más inteligentes, fuertes y cautelosos, para con sabiduría decidir si perdonar y aceptar es lo más conveniente acorde las circunstancias que podamos atravesar. No olvides que la Libertad es un derecho de cada persona, por ende, nadie está facultado a establecer patrones de Conducta y mucho menos pretender que sean acatados.

La felicidad matrimonial es breve, con el paso de los años las parejas se habitúan a sus prácticas cotidianas y el estímulo o apetito sexual se van limitando y/o desvaneciendo provocando ansiedad; arrastrando a la pareja al aburrimiento; contribuyendo al fracaso matrimonial. Con los matrimonios concebidos bajo las sombras de la atracción física, a corto o largo plazo el implacable tiempo acaba con esa endeble unión, y el más culpable, después del fracaso, ya sea por despecho, egoísmo y/o hipocresía, afirman haber encontrado el amor en el segundo o tercer o cuarta unión, siempre olvidando esos fascinantes inicios con sus anteriores parejas. Estas inestables y volubles personas tristemente acabaran sus días solos y abandonados porque formalizaron todas sus relaciones con mentiras, intereses premeditados y basada en sexo.

El amor a primera vista no existe, nadie se enamora de un recuerdo, de un momento fugaz, de la imagen de alguien que jamás vuelva a ver o que no interactúe en nuestras vidas de forma casual o cotidiana, además es imposible amar lo desconocido; a primera vista solo pueden cautivar o prevalecer algunas antesalas del amor, porque lo desconocido solo puede ser sinónimo de curiosidad, deseos, aventura. De lo que en una relación seamos capaces de dar y recibir será el tipo de sentimiento que nazca y crezca. Por emoción cada evento, cada acción, cada detalle, cada día, estará cubierto por esa banal premeditación e inducida por satisfacción mezcladas. Amor es un sentimiento desinteresado, consciente que se brinda sin obtener nada a cambio; A mi criterio, Amor es la mezcla de la pasión y la devoción. Ej.: Amor es lo que hay entre mi madre y yo; Sin importar que sean material o espiritual nuestras acciones entre y para con nosotros, jamás esperaremos algo a cambio, solo nos complacemos con el auto regocijo de dar. A nuestras madres no la amamos por lo que nos dará, si no por lo que ella desinteresada y espontáneamente ya nos dio. Te pondré otro vivo ejemplo, pero de forma superficial, no quiero que ahora este tema sea asunto de discusión; es sobre el grupo más grande a nivel mundial: Los Religiosos. Ellos confunden el "Amor" con una mezcla de interés y temor, como algo que debemos dar a cambio de recibir recompensa, ya que ellos en su predicación te promete que si amas a Dios:

Recibirás su eterna Misericordia

Tendrás acceso al Paraíso

Tendrás vida eterna, etc., etc., etc.,

De lo contrario serás condenado y por siempre arderás en el fuego del infierno entre azufre y aceite. No importa que hayas muerto siglos atrás, te resucitarán para que asista al Juicio Final donde serás condenado o absuelto. Eso me da la sensación que Dios es Comunista y no Demócrata pues ... Que significa el libre albedrío??? ... Yo puedo aceptar que no me deje participar de sus privilegios, pero que me castigue sin derecho a perdón por yo no querer aceptarlo, ... Caramba!!!!, Eso se parece a la conducta vengativa y rencorosa de reaccionarios Dictadores que con alevosa saña han perseguido a sus opositores, castigándolos con máxima crueldad.

Alguien, tal vez por conocimientos históricos o afinidad política, muy insultado por mi insinuación y sarcasmo de igualar al Comunismo como el peor y malvado régimen existido en la historia, me cuestionó de por qué razón yo no utilicé como ejemplo al Fascismo, el cual ha sido el responsable de los genocidios más inverosímiles y atroces de toda la historia humana. Debo de recordar que mi libro está fundamentado en experiencias y no es conocimientos; Desafortunadamente yo solo he vivido bajo un régimen comunista y como hoy yo vivo dentro de una sociedad demócrata, es ahí mi razón comparativa.

El amor es infinito, eterno y fuera de nuestro control. El amor es el más puro y genuino de los sentimientos;

está arraigado y protegido en nuestros "YO" interno y sin la expectativa de a quien elegir o como manifestarse, espontáneo emana de forma innata o merecida, no solo para glorificar a quienes se los entreguemos, sino también para auto bendecirnos, por eso cuando florece se quedará por siempre sin importar a qué tipo de acción seamos sometidos, Ej.: Podemos tener de hijo a Caín y jamás dejaremos de amarlo, socorrerlo, ni apoyarlo incondicionalmente. Si nuestros hijos cuando nacen dicen quienes y como son, el amor no nacería si no es correspondido. Este sentimiento no es masoquista, por eso en la adultez, después que los hijos se identifican con sus verdaderos caracteres y sentimientos, en algunos casos mostrando ingratitud, puede que en los padres cambien en muchos aspectos emocionales, pero el amor jamás se disipa ni merma. No digo que los hijos sean los responsables de una pésima relación familiar, pero si sé que un padre jamás es el culpable de los cambios emocionales que aparecen y hasta prevalecen en una relación después que los hijos arriban a la adultez e independencia. Desde antes de nacer el hijo, el padre deja bien claro su posición presente y futura, como también sus sentimientos e interés para con ese hijo.

CAPÍTULO III

La belleza seductora solo provoca EMOCIONES, DESEOS, VANIDAD y LUJURIA, nadie se enamora de lo hermoso y esbelto, pero sí de esa especial dedicación; del amor y ternura que recibimos, por eso es preciso dejar salir de nuestras vida a la persona que amamos y no nos corresponde, para que libre de esa trágica frustración que nos abruma, nosotros podamos encontrar a la persona que nos ama y nosotros podamos corresponder, porque cuando se insiste o te aferras en quien no te amas ni te siente, todos los resultados serán indecorosos y en ocasiones pueden terminar con alguna tragedia. No debemos esperar milagros, el amor no es un sentimiento que responde o florece por Masoquismo o desinterés.

A través del tiempo y las experiencias propias o ajenas he aprendido que aunque por atracción física, por estímulo espiritual o por seguridad social nosotros experimentamos y seleccionamos nuestras parejas, no tenemos el poder de determinar a quién amaremos; acorde el amor que recibamos el corazón decide a quien elegirá. Existe parejas concebidas por el mezquino propósito del interés, pero con el tiempo y bajo la implacable y estoica presión de ese encantador y puro cariño; de esa abnegada dedicación y las buenas acciones, por estímulo y no por agradecimiento, la magia del amor ha florecido bendiciendo esa unión, incluso también, muchos han formalizado y llevado dos relaciones a la misma vez, pero al final del día se han enamorado y casado con la persona que tal vez empezó con menos interés y esto corrobora que el amor es una cosecha espontanea y recíproca.

Algunas personas opinan que aunque emoción y sentimientos son muy diferentes, también admiten que en algunas circunstancias pueden ser afines o en algún momento convergen. Otros diferimos porque el placer emocional responde a todo tipo de deseos, intereses; es competitivo, comparativo; exige recompensa y estímulo a corto o largos plazos. Yo creo que existe algo superior que, para diferenciar, podemos denominar Pasión Sentimental y esa vibrante, pero siempre apacible sensación es un regalo de nobles oportunidades que no obedece reglas, propósitos, incluso ni al control de nuestras propias decisiones o voluntad. Quizás algunos confunden este sensacional trance con el placer emocional.

Cito dos conclusiones muy populares y que muchos exponen para definir que cuando el amor sorprende y establece a una pareja, el triunfo absoluto de la vida está basado en el sacrificio y la adaptación de dos elementos muy fundamentales:

1:- Tener suficiente fuerza y voluntad para cambiar las cosas que podemos:

Muchos consideramos que toda relación no debe de estar basada en convenios, ni caprichos, ni limites, ni condiciones, ni adaptaciones. Nadie tiene que sufrir la humillación de dejar de ser su propio yo, y por complacer actué fingiendo ser el yo de otro. Debemos ser genuinos, originales para poder ser felices.

2:- Tener suficiente dignidad y valor para aceptar las cosas que no podemos cambiar:

Señalo que esta segunda conclusión es lo más sabia, loable y respetuosa que pueda existir en una pareja que sea honesta, respetuosa y que sobre todo se amen, asimismo significo que esta reflexión o capacidad de aceptación corrobora que no debemos intervenir ni pretender modificar la personalidad emocional de alguien, ya que hay mas dignidad, respeto y amor en una manifestación de honestidad sin consecuencias, que en una relación colmada de secretos, mentiras y traiciones.

Yo no creo que exista algo más completo, complejo y problemático; Con más responsabilidad, sacrificios; Que requiera de total esfuerzo y que otorgue mas felicidad y seguridad que el matrimonio. Cuando dos personas deciden casarse debe prevalecer los factores que solidifiquen y/o hagan eterna y sublime una unión, de igual modo también debe predominar la compatibilidad de caracteres, la atracción física, pero sobre todo lo más importante y primordial: la capacidad incondicional de identificarse emocional y sentimentalmente, porque el matrimonio es lo único que trae implícito todas las emociones y cada una de ellas debe ser aceptadas y superadas con la misma pasión. Creo que no debemos casarnos y mucho menos formar familia hasta no haber alcanzado la suficiente madurez para saber respetar y amar sin que ambos, sentimiento y razón, entren en conflicto. Hay que estar pendiente y saber interpretar como aprovechar las señales y oportunidades que la vida nos envía; Te recuerdo que la vida es sabia y justa, la mayoría de las veces no nos complace con lo que fervientemente deseamos, pero si somos pacientes y sabio, tarde o temprano nos premia con lo que realmente merecemos.

CAPÍTULO IV

Creo lógico y admisible que muchas personas se hayan equivocado una vez, pero esas personas que tienen más de dos matrimonios con familias creadas, la única huella que dejan son hijos; Hijos necesitados, infelices. Los hijos necesitan tanto el amor como la preocupación del día a día de ambos padres involucrados en sus inquietudes, en su formación, y no en esa migaja de un fin de semana alternos; no de una mensualidad financiera; el éxito rotundo de los hijos está en la confianza y en el orgullo que sus padres les inspiran; en el calor y amor hogareño; Cuando hay varias familias creadas, esas obligaciones implícitas en los parámetros de las nuevas relaciones contrarrestan los deseos, intereses y objetividad para con los hijos en más de dos familias. En mi opinión estas inescrupulosas personas (ya sea hombre o mujer) que sacan ventajas de la inocencia, que se mofan del sentimiento de alguien, que valoran más su ego y deseos que los valores familiares, utilizan cada matrimonio para adquirir experiencias y habilidades en sus constante conquistas ... Que triste legado!!! Orgullo es hablar de los múltiples obstáculos que se salvaron para sostener un matrimonio y no hablar de las múltiples conquistas. Creo que el divorcio es la acción más razonable y acertada para disolver esas uniones que, no obstante a múltiples de intentos sentimentales, no han alcanzado concilio, pero si todavía se identifican con el amor, entonces es meritorio salvar esa relación, no solo por los hijos, sino por el paraíso que obtendrán a cambio. Pues...¿¿¿Para que un hombre querrá casarse con una Monja o una mujer con un Cura si no lo aman ni lo desean???... Esto es un suplicio!!! ... El amor nos hace volver ser adolescentes; nos hace inocente y dichosos; nos desborda con las ansias de perdonar, vivir y disfrutar en su total magnitud la vida.

Yo creo en la importancia social, en la seguridad, en los beneficios, en la estabilidad espiritual, financiera y familiar implícita en el matrimonio, pero al igual que muchos, soy de la opinión que cada pareja, no debe, sino tiene que respetar los derechos de su cónyuge. El cónyuge es la persona más importante de cada ser humano, porque es quien estará a nuestro lado hasta el final del camino; Porque es la persona que nos brindara la confianza, seguridad y amor que solo los padres conceden; Porque es quien nos devolverá la ternura, el cariño, ese especial placer y amor que nosotros brindamos a nuestros hijos. Sin importar quienes nos rodeen, una persona sin un buen cónyuge, estará sola en su vejez y un buen cónyuge es con quien debemos formar un hogar, con quien debemos crear una familia. Quien no llega a la vejez con un matrimonio concebido por sentimientos, no conocerá, ni será bendecido por el verdadero amor. Te recuerdo lo que por Ley natural todos sabemos: A nuestros padres e hijos nosotros no los rechazamos, no los remplazamos, no los botamos, sino los aceptamos, amamos y respetamos con todas sus virtudes y defectos. Creo que no debemos castigar ni apartarnos de la persona con más valor en nuestra vida porque haya consumado o tratado de materializar sus deseos sexuales fuera del matrimonio.

Quien acaba con un matrimonio es el egoísmo, la hipocresía y la equivocación de uno o ambos conyugues.

¿¿¿Qué es o en qué se diferencia sentimientos de emociones??? Amigos, Me conmueve las personas que se hagan esta pregunta porque no saben distinguir algo tan diferente. En los actos más sublimes como en los más perversos y morbosos hay emoción, satisfacción.... Pasión es esa emoción sublime que se identifica con los sentimientos; Placer es el ansia que se vinculada con las emociones. Emoción es vibrar de placer y hasta también de pasión!!!!

La emoción que puede ser afín con los sentimientos, es esa que cada paso que avanza es para sublimar una acción, Ej.: Besar a tu hijo; Abrazar a tu mama; Tener sexo con el amor de tu vida. La otra faceta de las emociones, es cuando está impulsada por el placer, Ej.: Tener sexo con esa vecina despampanante; Comer tu pastel favorito; Ver ganar a tu equipo de Football..... ¿¿¿Pudiste captar la idea???... Entonces podrás valorar y diferenciar que entre Sentimientos y Emoción existe una gran y muy loable definición: El honorable y sublime Legado del Amor. Una vez más: Yo no he estudiado Filosofía, Psicología, Sexología, en fin, ninguna carrera Universitaria, pero sin una pizca de petulancia te garantizo que aunque en teoría haya analogía o disimilitud con algún patrón ya establecido, no hay Profesional en el mundo que pueda conocer y definir mis sentimientos, emociones, necesidades y deseos mejor que yo, y para mí el grado de moral de un ser humano estriba en su concepto de bien y mal combinado con sus sentimientos y emociones.

Sentimientos es ese vehemente y apacible amor que con ternura y cordura existe en una relación y que va desde lo más humilde hasta lo más excelso dignificándonos y a su vez glorificando a alguien. Es esa devota pasión que no tiene que meticulosamente elaborar una estrategia para garantizar resultados o recompensas. Algunos define el enamoramiento en una relación como la meta para poder consumar el matrimonio, pero considerando que una meta es el final de algo que nosotros nos proponemos, yo creo que el amor ni es una meta ni es el destino, para mí el Amor es una trayectoria independiente, aunque este sentimiento sea el principal y el más relacionado elemento en un matrimonio.

Aunque algunos Profesionales afirman que la formación de los sentimientos pueden estar influenciados o ser el producto del medio ambiente donde nos desarrollamos y educamos, sin poner en duda el criterio ni la teoría de ellos, yo pienso que aunque quizás influya no determina; no sé si será una excepción de las reglas, pero hay casos registrado de personas muy nobles que han salido de ambientes muy hostiles, sádicos y mezquinos, sin embargo han poseído un carácter de desmesurada bondad y nobleza . Yo opino que los sentimientos son algo que nadie te puede dar o quitar; algo que nadie ajeno a nosotros e incluso nosotros mismos no podemos manipular, y además de ser algo innato, es el principal elemento que formar y distingue nuestras emociones; nuestros principios y capacidad del bien y el mal; nuestros conceptos de moral. Es el elemento que honra y distingue nuestra personalidad. En mi avidez por conocer o descifrar el carácter humano, he llegado a la conclusión que cada individuo nace con sus sentimientos y que de forma autónoma desarrolla, fortalece y establece sin modificar su peculiar identidad, por esa razón el tiempo o ambiente no cambia la idiosincrasia de alguien ni para bien ni para mal; Las personas con el tiempo solo cambian su exterior. Creo que del mismo modo que nosotros no podemos decidir a quién amar, tampoco podemos elegir ser bueno o malo y el conjuntos de estos resultados si forman nuestro destino. Para mí el Destino aunque es autónomo, es el producto de nuestros triunfos y reveses; el resultado de nuestras acciones; es definido por nuestro carácter, sentimientos, moral y nuestra concepto del bien y el mal.

Emoción es un cúmulo de pasiones que nos hace vibrar o nos ciegas en diferentes momentos de nuestras vidas con consecuencias de disfrute o escenas denigrantes y lo que nos degrada por muy fascinante que sea, siempre estará ajeno al amor. En la mayoría de las ocasiones llamamos enamoramiento a esa pasión sexual que nos ciega, que nos enloquece, que nos hace perder el juicio, la dignidad. Estos arrebatos de locura son los más vibrantes; Los que más placer nos provocan; Los que más anhelamos sin medir consecuencias; Los que siempre recordaremos con más fervor. Cuando se trate de sexo, esto debe ser instintivo, no manipulado; No debe existir esa fachada mezclada de hipocresía y perjuicios con que la mujer forjar un escenario erótico con una estela de provocaciones, para que el hombre (en el 99% de los casos) tome la iniciativa. El sexo debe ser buscado y solicitado por hombres y mujeres con el mismo entusiasmo y libertad para con placer disfrutarlo sin límites ni obstáculos; No debemos complicarnos la vida con matrimonios ni embarazos hasta que la euforia de la atracción física se disipe y nos permita con madurez y responsabilidad descubrir que realmente sentimos y deseamos. Resultados de esta conducta objetiva: Triunfo y prosperidad en la vida; Hogar e hijos felices; Dicha y durabilidad matrimonial. Ej.: Muchos, hombres y mujeres, en ocasiones se refieren a una mujer con despotismo: Esa en su juventud era una "Cualquiera" y ahora se quiere hacer la "Santa". Yo creo que lo que en su juventud hizo fue educarse y prepararse gozando su vida hasta que llego el "Elegido". !!!Prepararse y Educarse??? ... No seamos hipócritas, sabemos que por interés, por curiosidad en nuestras adolescencia y también en la adultez (hombres y mujeres) cuchicheamos con nuestros amigos sobres nuestras experiencias para intercambiar conocimientos, y luego, poner en práctica lo que aprendimos. El triunfo de un Médico u otro Profesional es el producto de sus estudios y prácticas. El éxito emocional que contrarresta la monotonía y el tedio en un matrimonio, oscila y depende de la habilidad sexual de ambos conyugues.

Un extremo ejemplo de similitud y contrariedad: Los hombres no critican ni ofenden y hasta anhela la posición del actor porno por la oportunidad de ejercer el sexo con múltiples mujeres. Las mujeres critican, rechazan con actitud de desprecio, vergüenza y hasta con asco a la actriz porno; Mi mensaje no es pro-sexo, es contra lo que equivocadamente condena y enmarca la acción sexo en la moral de la mujer. Si una mujer prefiere no reprimir sus deseos y otra prefiere una vida recatada, eso es la libre elección de cada una y a nadie, Sociedad o personas, tiene el derecho de sentirse o creerse superior a otra mujer producto de su elección, manifestación o libertad sexual y muchos menos referirse a otra mujer con esa típica expresión y gestos despectivos y/o socarrones con la intención de socavar la integridad de alguien.

CAPÍTULO V

Muchas parejas sobreviven a la crisis del aburrimiento matrimonial por amor, pero otras por egoísmo, por tabú, por preceptos religiosos, por dependencia, por conformidad sentimental o financiera, han prescindido de lo que realmente nutre la felicidad: LAS EMOCIONES y eso es el sexo... EMOCION Y PLACER!!! ... Considerando que el sexo está conceptuado por Profesionales de distintos sectores como una necesidad fisiológica es por lo que exclamo: Por favor, que alguien me explique lo amoral del sexo concebido como placer o recreación. No siempre las decepciones nos asfixia con tristeza, también, y con más intensidad, la falta de emociones. No sé si de los extremos Liberales o de Sexólogos, Psicólogos o Médicos proviene la conclusión que la necesidad sexual no difiere de otros menesteres físicos, por eso, al igual que muchos, yo creo que el placer sexual debe satisfacerse con las mismas consecuencias que manejamos la auto necesidad de deleitarse con un excelente vaso de vino, un exquisito pastel, a esa recreación que provoca éxtasis y nos embelese un hermoso atardecer primaveral, y como tal, sin censura todos debemos de expresar y a su vez aceptar de igual modo cuando alguien, en público o privado, manifiesta su deleite, ya sea sexual o por un suculento manjar. El sexo además de ser una necesidad fisiológica, es parte esencial del mayor tiempo de nuestra existencia. Cuando la emoción se convierte en ansias y tanto el sexo como la nutrición quebrantan todas las reglas, lo que ejecutamos es tan voluptuoso como asqueroso y estos breves pasajes quedan indelebles en nuestros recuerdos. El sexo es para gozarlo sin inhibición, sin límites para que ambos sexos puedan alcanzar absoluto éxtasis. A diferencia del Amor, la emoción puede ser positiva o negativa; constructiva o destructiva. No te dejes engañar, el sexo es tanto un derecho como una necesidad para hombres y mujeres y amor es solo SENTIMIENTO y por esa razón es vital que las parejas sepan definir y discernir sentimientos y emociones. Ej.: La persona que más intensamente yo amo es mi esposa, pero en especiales ocasiones deseo frenéticamente en mi cama a la esposa de mi vecino y a esta despampanante vecina no la siento, ni la pienso, ni la sueño... Solo la deseo!!!

Opinión Liberal: Es preciso tener conciencia que si ingerir alimentos es la principal acción nutricional que obligadamente debemos realizar para mantener nuestra salud corporal, el sexo es la acción emocional que alimenta la parte más fundamental de nuestra existencia y de ambas prioridades no debemos cohibirnos ni sentir vergüenza, al contrario, debemos exigir respeto y libertad porque el sexo no es ni será jamás un crimen Social ni Moral.

Aunque sexo no es más que una acción, por experiencia se que podemos catalogarlo en dos tipos: Sexo sublime y Sexo salvaje, tampoco existe el "SEXO MALO", el sexo siempre es bueno cuando se hace con deseo y sublime cuando se hace por amor, sin embargo existe aunque en un por ciento muy ínfimo el "SEXO MATRIMONIAL" de las parejas puritanas y mojigatas, y ese sexo si es PÉSIMO y en ocasiones hasta repulsivo, pero esta definición solo es concebido cuando es analizado o imaginado por otros desde afuera y no entre ellos (los mojigatos) ya que no tienen la capacidad de valorar por no tener las experiencias para comparar. La vida es corta pero hay múltiples de cosas malas, como el sufrimiento, el tedio, etc., etc., que hacen la vida muy larga e insoportable. Pensando en el sexo aburrido de estas personas, prefiero la abstinencia.

Hay matrimonios que tal vez solo hayan tenido experiencias sexuales entre ellos, pero poseen una capacidad imaginativa o creativa sorprendente. Otros buscan ampliar sus horizontes con las películas o con experiencias obtenidas en conversaciones con sus amistades o con juguetes, pero y de forma muy suyas gozan a plenitud el momento con genuina satisfacción y estas parejas son felices porque no son agobiadas por el tedio. El sexo de los mojigatos no es por una condición mental propia de ellos, no es una limitación erótica o física, es el resultado de la desgracia o el infortunio con que sus tabúes lo han marginado de la vida emocional.

CAPÍTULO VI

La generación de hoy está creciendo sin inhibiciones, sin límites, sin perjuicios; Bajo la influencia de una Civilización que progresa y demanda derechos y respeto con equidad; De una Época que favorece a los distintos movimientos que luchan en pos de una moral con absoluta libertad e igualdad. El concepto de moral que nuestros hijos transmitirán a nuestros nietos, será totalmente contrario al de nuestros abuelos. En la Sociedad de hoy día es notoria la evolución en comparación con la de nuestros abuelos, por mencionar uno de los múltiples movimientos, y aunque todavía es prematuro, ya podemos asegurar que los Homosexuales triunfaron Social y Legalmente, esto significa que todas esos conceptos aberrados de nuestros antepasados caducaran, desaparecerán porque discriminan y privan del libre derecho de la elección. Por siglos el grupo más marginado, perseguido y despreciado fueron los "GAY"; la comunidad GAY es el grupo más pequeño, mas discriminado y con menos autoridad, y no obstante a su tenacidad, sus logros, todavía no es muy aceptada Universalmente, pero si muy respetada, y hasta en algunas circunstancia, yo diría que temida. El éxito de los GAYs consiste en que no siente vergüenza de su elección, derechos, deseos y libertad sexual. Esta actitud y/o posición ha demostrado que la orientación sexual de alguien no afecta ni se vincula con la moral Social ni individual.

Es sabido que con el progreso o desarrollo de cada generación también viene implícito la temprana libertad y experiencia sexual de nuestros hijos, y por la mojigatería, tabúes o perjuicios de la mayorías de los padres, que hasta tienen vetado el importante tema de la responsabilidad y consecuencias del sexo, se ofenden y privan en participar y orientar en las experiencias sexuales de los hijos para aunque sea prevenir enfermedades, embarazos, No sé cómo definir o calificar el modo tan hipócrita y mojigato con que se parapetan y cohíben para con sus hijas abordar el trivial tema relacionado con el sexo, dando a demostrar que su niña, que ya es una adolecente, no es como las otras; que no necesita de esas instrucciones, por esta razón los educadores están más cerca y conocen mejor a los hijos que los padres. Hablar y aconsejar a un hijo o hija es obligación de ambos padres: Papá e hija; Mamá e hijo puede ser. Del modo tan civilizado y rápido con que hoy día progresa la humanidad, visualizo lo grandioso que será la generación de mis nietos con la comunicación y educación de sus hijos.

En ocasiones pienso que los padres deben de asistir a las clases de orientación sexual de sus hijos, para que aprendan como educar y ayudar a sus hijos. Yo imagino a mis nietos educando a sus hijos libre de esa mojigatería, vergüenza y perjuicios, por eso y por el bienestar de *ésta* y futuras generaciones todos debemos conceptuar como el logro más grandioso, esa inteligente propuesta, como la sabia aprobación (Podemos garantizar que esto es un triunfo de los liberales) que ni es obsceno, ni nocivo la posición que ha optado hoy día la Sociedad y el Sistema Escolar, en vez de taparle los ojos y los oídos a los "NIÑOS", ha creado aulas, clases, programas donde se dan conferencias de sexo educando a niños entrando en la etapa adolescente, y no obstante al gran avance en la educación sexual, todavía lo relacionado con SEXO está acorralado por tabúes; Sin embargo, y como es sabido por todos, fuera de estos espacios o lugares educativos cuando se habla de sexo a un grupo de persona ADULTAS, es considerado ofensivo, obsceno, grosero o de lo contrario considerado en forma de comedia, burla o chistoso; Si el grupo de personas son menores de 18 años puede incurrir hasta en un delito penado.

Con permiso de los Profesionales de este sector tocaré un tema del cual no poseo un acertado conocimiento ni autoridad, pero como padre de cuatros varones fundamento mi opinión en ese sentir o instinto paterno que me induce creer que un menor de 13 años solo está emocionalmente capacitado para estudios y los pertinentes juegos para su entretenimiento.

Bajo un contexto de sabiduría algunos afirman que lo mejor y peor con que la Naturaleza premió al ser humano es la lengua, yo creo que de igual modo y no bajo alusión de placer y necesidad, el sexo puede ser muy nocivo si no es bien orientado cuando prematuramente aparece en niños menores de 12 años; todo en la vida tiene su lugar y momento. Digo esto porque yo he conocidos padres y madres que, unos con moderación, otros hasta con cinismo, celebran como un Don de extrema virilidad el demasiado temprano despertar del instinto sexual en sus hijos varones y cuando se presentan estas manifestaciones en las hembras, se intentan reprimir con drásticos castigos y en ocasiones hasta con golpes. Considerando que la prohibición es la madre de la curiosidad y los retos, creo que es mejor optar por ignorar para que ese niño olvide o desista de algo que ni biológico ni psíquico aun no está apto, de insistir en su demasiado precoz acto, entonces en meritoria y necesaria la intervención del Profesional indicado para evitar o corregir a tiempo una adicción que enfoque como su principal objetivo el sexo, porque conociendo que el sexo es la cúspide del placer, esta conducta no solo tronchará la posibilidad de un futuro brillante, puede hasta degenerar en una formación moral deshonrosa y hasta criminal.

Me sorprende la aceptación y el uso explicito de temas de drogas, violencia y la significativa censura del tema sexo en la TV y el Cine. A un ser humano menor de 21 años se le prohíbe ver una película "X", mas sin embargo, desde muy niño tiene acceso a temas muy explicito sobre violencias, drogas; Conocimientos sobre los beneficios y poder implícitos en la vida corrupta de un Mafioso. Las relaciones sexuales son inherente a nuestras vidas y evolución; son legales, normales, saludables, necesarias y hasta obligatorias física y socialmente, incluso hoy día una manifestación de sexo homosexual no es considerada inmoral ni ilegal, por lo contrario creo que todo tema con un contexto de drogas y violencias si es inmoral, nocivo y altamente peligroso para la educación y desarrollo social y emocional de niños y adolecentes, por consiguiente considero que este tema debe ser mucho más censurado y prohibido para menores de 21 años. Si este tipo de corrupción, violencia y maldad que generan las drogas, se hubiese conocido en tiempo de los "APOSTOLES" te aseguro que hubiese existido un onceavo "MANDAMIENTO" que persiguiera y condenara esta actividad o de lo contrario no hubiese existido el

Mandamiento: "NO FORNICARAS" ya que estos Profetas en nombre de Dios se hubiese preocupado más por perseguir y castigar a estos "CANCERES" que destruyen Sociedad y la moral de nuestros hijos, que ir detrás de bígamos y/o adúlteros.

Lo más destructivo y peligroso en la vida de un ser humano es no saber controlar las emociones. En la juventud muchos hombres y mujeres que sucumben ante la belleza humana, se aferran a todas y cada relación que se involucran con la misma tenacidad y lujuria como si fuese la primera o la última, hasta que grotescamente el deseo sea saciado y agotado. En nombre de un novelesco y falso amor, con la misma chabacana dramatización cohabitan en un bajareque como si fuese una mansión de lujo. Por falta de ayuda o asesoramiento o por la ausencia de uno o ambos padres estos jóvenes se pronuncian con conductas excéntricas, escandalosas y hasta obscenas sin percatarse que están desaprovechando o malgastando los mejores momentos de sus vidas; La etapa donde se crean las bases para el futuro. La juventud acaba y con ella los atributos y oportunidades propios de esa etapa. A mi criterio la mayoría de estos jóvenes viven y mueren sin encontrar el amor; Unos porque la desvergüenza, las enfermedades, el vicio, la destrucción físico y moral los ha marginado de la Sociedad y hasta incluso de la vida, para este grupo el Amor es una alucinación, un espejismo. Otros, un segundo grupo, por vanidad, perjuicios o por estimar que todavía no era el momento indicado, ahuyentaron al que pudo haber sido el Elegido. La mayoría o todos los de este segundo grupo logran con dignidad y respeto establecerse en la Sociedad, crear una familia con mucha unión y amor, sin embargo alegan que el Amor conyugal, como un sentimiento puro y absoluto, no existe. Conceptúan al amor como una ilusión relativa; como una pasión evolutiva y con distintas características acorde con la edad y a cada etapa de la vida humana; Para estas personas todo se mueve y se logra basado en expectativas, y con precisos y fríos cálculos miden la vida y sus contornos; para y entre ellos, debido a la necesitad de como sosegar sus distintos intereses y apetitos, si es lógico la definición que existen varios y diferentes clases de esa ilusión llamada por ellos Amor.

Ahora recuerdo, no sé por qué, una entrevista que le hicieron al cantante José Luis Rodríguez, El Puma; Refiriéndose a los DONES del hombre que le garantizan una eminente conquista; El dijo algo así, si mal no recuerdo: Cartera mata Galán; Fama mata a Cartera. Este hombre que con significada connotación la vida lo ha dotado con Galantería, Dinero y Fama, para muchos él debe saber con exactitud de lo que habla, pero después de muchas meditaciones yo he llegado a la conclusión que sus múltiples experiencias solo pueden fundamentarse en una razón relativa lo cual no quebrantan ni resta prestigio a mi teoría. Estos tres factores influyen y cegados por las distintas emociones, hasta determinan en la competencia, en la conquista, sin embargo estas emociones no garantiza amor. La mujer solamente cederá por vanidad, poder, fama e interés; Lo que fluya de este tipo de relación solo dependerá de lo que el privilegiado por la vida (Él o Ella) sea capaz de obsequiar. Yo creo en el amor y se cuan solidaria es la pareja que goza de este privilegio.

CAPÍTULO VII

Antaño la esposa era para servir en el hogar, criando a los hijos y atender al esposo, incluso estaba obligada a soportar todo tipo de abuso físico, emocional y psicológico; Aceptar que su esposo tuviera sexo fuera del hogar y hasta inclusive otra familia. Hubo una época en que la mujer estuvo privada hasta del derecho de estudiar, pero el desarrollo y el costo de la vida conllevó a la emancipación e igualdad Social y Laboral de la mujer con el propósito de ayudar y apoyar al cónyuge en el sostén del hogar, pero para mantenerla esclavizada al mismo patrón sexual, entonces al hombre se le privó de la prebenda sexual que orgullosa y deliberadamente ostentaba: "Sexo libre y sin límites". Aunque sabemos que si hoy día Legalmente la promiscuidad o adulterio es sancionada por un Tribunal Civil, moralmente en nada afecta la dignidad de los hombres. He aquí donde no entiendo a la mujer, pues al igual que los hombres son capaces de reconocer como mérito varonil al adúltero y recriminan con alevosa saña a la adúltera... MUJERES!!! ... No, no se ataquen, sean solidarias y busquen equilibrar social y moralmente el estatus sexual y así cada cónyuge sabrá lo que recibirá acorde a su acto. No teman, estudios exponen que aunque el hombre se muestre más arrogante y seguro, además de ser quien más pierde en un divorcio, por ser más vanidoso, es más vulnerable; También aseveran que con una sofisticada terapia el hombre puede convertirse más tolerante que la mujer.

Es preciso finalizar esta etapa de Sexo VS $$$Conflictos$$$ y comenzar SEXO vs SEXO, para que por igual ambos cónyuges puedan tener la libertad de decidir si serán monógamos o polígamos sin censura. Considero estúpida esa Ley que castiga por tener sexo fuera del matrimonio, debido a que nadie debe ser co-propietario de las emociones y deseos de alguien, y mucho menos tener poder Judicial para limitar o privar a un ser de materializar sus gustos y deseos, además el 99% de estos juicios son demandas oportunistas, mezquinas y de ultrajes financieros, en donde las ofensas morales o sentimentales son compensadas con dinero. Que vileza!!! Incluso es imposible afirmar que el conyugue demandado, con pruebas sorprendido infraganti cometiendo cualquier faceta del adulterio, sea el único o el primero que cometió adulterio en ese matrimonio.

Creo que por el bienestar y solidez familiar, el matrimonio debe ser para siempre, disfrutar tanto en la juventud como en la vejez de esa maravillosa y hasta sagrada unión; Creo que no existe nada más sublime y hermoso en una pareja que ambos sean monógamo, pero si se corre el riesgo de pasar por algún momento difícil, perturbador, peligroso, es preciso buscar nuevas alternativas, innovar con alguna fantasía. Existen múltiples terapias que no violan la privacidad ni la integridad del matrimonio convencional, incluso, muchas diversiones aunque pueden considerarse de un contexto público, no están dentro de mundo SWINGER. Cuando se trata de problemas matrimoniales y aun hay reciprocidad sentimental, la primer consulta debe ser con un Sexólogo y luego después si es necesario, El Psicólogo. Si no existe la posibilidad de un reconcilio sentimental, entonces la consulta es con el Abogado.

La Integridad Convencional o reglas del Matrimonio están concebidas bajo preceptos religiosos, arcaicos; apoyados en una ética obsoleta y egoísta. La religión y la Sociedad se identificaban en el pasado de un modo muy diferente a como hoy se manifiestan cada una, pues a medida que la ciencia progresa en bien de la Humanidad, a la Religión se le hace mas imposible sostener o convencer con sus argumentos falaces, por eso, casi en sus estertores y sin autoridad, está en constante Evolución a modo se subsistir.

Para la Iglesia, el Pecado no se diferenciaba entre acción y deseo. Antaño se castigaba con torturas hasta la muerte a la mujer que fuese acusada por desear al hombre ajeno y esto ha sido el ultraje más vil que la mujer ha sido sometida; Considerando que hasta hoy es imposible conocer que alberga la mente humana, es indigno suponer que alguien se hubiese atribuido la facultad de poder saber o adivinar que deseaba, imaginaba o pensaba una mujer para castigarla con razón de causa hasta morir.

Para que los hombre puedan comprender mi mensaje, los exhorto a que, aunque sea, en su imaginación se trasladen al Siglo XV, y sin importar que la mujer en cuestión fuera o no fuera culpable, se pongan en el lugar de ese desesperado hombre que tenia frente a él, en una hoguera, y aun viva estaba ardiendo: su hija, su mama, su hermana, a su nieta o a su inocente esposa, porque considerando lo extremadamente austera, estricta, y supersticiosa que fue y se regían esas épocas, sin temor a equivocarnos, podemos asegurar que el 99% eran mujeres inocentes siendo víctimas de infames calumnias o venganzas. En el transcurso de mi vida, las personas, hombres y mujeres con la conducta lasciva, mas inmunda, los mas oportunistas, circunstanciales, falsos, volubles, mentirosos, ventajistas, posesivos, criticones, socarrones, etc., etc., que yo he conocido por trato o por anécdotas, han sido los autollamados Cristianos o Religiosos, en este punto "SILENCIO", no soy yo, la historia está al alcance de todos. Aunque yo no generalizo, en un por ciento menor, también he tenido el regocijo de relacionarme con religiosos de una moral, prestigio e integridad inquebrantable, con esos que hacen Honor a lo que predican. Después de muchas veces preguntarme por qué razón estas personas de poca Fe y voluble Moral permanecen en estos círculos de Honor, Bondad y Respeto, llegué a la conclusión que los responsables son los Pastores, que con su ambición del diezmo necesitan llenar sus Salones con cualquier tipo de mal denominado Feligreses, para así poder garantizar su opulenta vida. No olvidemos que los Gobiernos tienen conceptuado a las Iglesias como un negocio y como tal el Pastor debe de tener una Licencia para ejercer.

Nos han hecho saber que la Biblia fue escrita por personas muy sabias, que según ellos y los practicantes de la Biblia, fueron los escogidos de Dios para traernos el mensaje, por lo que me sorprende como hoy día todos esos concepto de antaño son manipulados, modificados y adaptado a la época que se vive; Para no entrar en analizar los brutales crímenes cometidos por la Religión te expondré solo un ejemplo: Adúlteros, Mafiosos, Homosexuales activos y quien sabe cuales otros tipos de pecadores y criminales, ya están reconciliados con la Iglesia. Bueno, debido a los escándalos, la reconciliación con los gay lo entiendo, pues por el contrario hubiera pocos Curas y hasta altos funcionarios

Eclesiásticos ejerciendo dentro de la Iglesia. Otro Ej.:
Aunque todavía el adulterio continúa conceptuado como un
pecado y en menor escala un delito, el adulterio ya no es un
crimen capital… Acaso los Reyes o Ministros de las Iglesias
son Dios o están facultado para adulterar la palabra de Dios
o lo que es más aterrador: Debemos suponer que jamás ha
existido alguna Ley o Manifiesto de un Dios. Considero que
por el bienestar de las futuras generaciones, es el momento
oportuno para debatir Hechos y Fe; Ciencia y Religión.
No olvidemos que con el nacimiento del Cristianismo y
confección de la Biblia, los Reyes y Príncipes de la Iglesia
obraron con absoluta sabiduría y potestad para corregir
los designios y voluntad de Dios, cuando ellos, de forma
arbitraria y selectiva, trillaron lo Evangelios que debían
regir a la Iglesia y sus seguidores. Todos los seguidores
o discípulos de Cristo, según ellos, fueron iluminados y
agraciados por Dios con un mensaje para nosotros, sin
embargo, estos inquisidores y mortales hombres, después
del Siglo III, acorde a sus interese y beneficios catalogaron
los Evangelios como canónicos y apócrifos, Ley y doctrina
que no se impuso con amor, si no avasallando y con sangre.
Significo: yo no estoy educando ni espero que alguien
pretenda educarme sobre este tema, esto es una cuestión de
Fe e interpretación de acertijos, pero no existe ningún texto
o cita mencionada por Cristo o sus discípulos en referencias
a Evangelio Apócrifos antes y durante la vida y enseñanzas
en tiempo de los fundadores como tampoco en los inicios
de la religión Cristina, incluyendo el peregrinaje de Pablo
de Tarso; Hasta el Concilio de Trento en el Siglo XVI, fue
que se oficializó la aceptación de los Apócrifos, he ahí mi
asombro; Por qué corregir la sabiduría del hijo de Dios? …
Por qué vetar lo que los Apóstoles y Cristo no censuraron
cuando ellos fomentaban la doctrina Cristiana?

Creo que del modo de acertijos como fueron escritos los Evangelios, solo da lugar a que oportunistas hagan conclusiones buscando ventajas. Hay una Biblia y miles de religiones y cada una con diferente versión de su interpretación. Es mi criterio sobre los Apócrifos: Debido a la amplia gama de opiniones e ideas fue preciso para la Iglesia revisar y corregir la doctrina Cristiana para no solo minimizar las opciones y así evitar la amenaza o posibilidad del surgimiento de nuevas competencias, si no también crear Leyes que le dieran la habilidad del conocimiento y la autoridad de acusar y condenar por herejía yendo de extremo a extremo desde la crueldad de quemar a un ser humano como la ridiculez de la excomulgación.

Del mismo modo que nuevas civilizaciones han buscado respuestas para erradicar régimen reaccionarios y totalitarios como el Fascismo y el Comunismo, aunque creo que si el Comunismo no ha desaparecido totalmente, en los países que aun se practica, esta política (excepto Cuba) está tan modificado que podemos conceptuarlo como un pos movimiento de una nueva rama de derecha, no olvidemos que la Democracia que hoy predomina en los USA, no es ni parecida a la de los años 1950. Debido a que la Iglesia jamás volverá a gobernar y dirigir al mundo, como tampoco impondrá sus designios y leyes, en un futuro, lejano o cercano, el Cristianismo si no desaparece, al igual que el Comunismo sufrirá cambios muy drásticos. Cada civilización posterior a la nuestra, demandará y vivirá con más respeto, derechos y libertad.

Aunque muchos me tilden de estúpido, inmoral y aberrado por mi postura, debo de recordar que existe un incalculable grupo de personas muy brillantes quienes son los que han logrado traernos la verdad sobre este tema, incluso, no creo que la necesidad de impugnar, demandar y rebelarse sea exclusivo de esta generación, estoy seguro que en todos las épocas existieron personas muy inteligente y sabias, lo que no hubo en épocas anteriores fue libertad y respeto; La combinación de estos dos factores arrojan valentía.

Disculpen, volvamos a nuestro tema: El SEXO fuera del matrimonio, si te interesa después podemos hablar de Religión, ahora yo tendría hacerte un recuento de muchos de los pasajes históricos que solidifican mi conclusión sobre la autoridad y credibilidad religiosa, además no me gustaría mezclar mi criterio sobre la religión en este tipo de manifiesto, porque la acción sexo es ajeno a los dominio de alguien o algo. El sexo es algo maravilloso que solo pertenece a los se involucran en ese momento; es solo propiedad y decisión de los que ejecutan esa exquisita acción; Sería una blasfemia mezclar ambos temas los cuales, hasta podemos decir, que en algún momento de la historia fueron casi enemigos, pero te dejo saber que además de liberal soy un materialista consumado.

En párrafos anteriores con énfasis trato de imponer las razones y derechos que por naturaleza me asisten relacionado con el tema emociones y sentimientos. Sin embargo, la Teología, la Historia, la Literatura y otras ciencias no son materias inherentes a la conducta y personalidad del ser humano y al este Tema no ser de mi interés, ni yo poseer vastos conocimientos Teológicos, yo no puedo ni debo introducirme o profundizar en este prolífico y polémico tema, pero basado en algunos datos o pasajes que he leído, ya sea en libro de historias o en la Biblia, o escuchado en la TV, es en lo que fundamento mi conclusión por la confianza, respeto y Fe en Dios. Por faltas de pruebas fehacientes; por las iniquidades, la sangre y el desmedido abuso con que se impuso la Religión al mundo, es mi elección de ser ateo y materialista.

Un dato curioso, de las tres grandes tendencias monoteísta, y no obstante de ser la más antigua, la religión que en su trayectoria y prácticas no tiene, o tiene menos sangre, abusos, deshonor y crímenes en nombre de Dios, es el Judaísmo, incluso es la única que no atribuye a Cristo el reconocimiento como Mesías, ni como Profeta, ni como hijo y mucho menos como un Dios.

El mundo científico basándose en pruebas que la naturaleza nos ha reservado o guardado; apoyándose en instrumentos sofisticado y de infalible precisión; resultados avalados por minuciosos y exhaustivos estudios de sabias personas; con argumento que disipan cualquier duda, han buscado una teoría razonable a nuestro origen, pero creo que el humano al ser tan creyente por naturaleza, jamás aceptará que no provenimos de algo Divino. Desde los inicios, acorde a la cultura y región, estuvieron implícitas diferentes y múltiples raíces Religiosas con el nacimientos de las distintas y regionales civilizaciones, y por siglos existieron hasta que sucumbieron bajo la imposición sanguinaria de una cultura, no superior, si no militarmente más poderosa. Hoy día la Religión más grande en el mundo es la católica-cristiana y esta fue la que El Gran y Poderoso Imperio Romano adoptó en el Siglo IV, y debido al gran poderío bélico, no solo se impuso y perduro como la principal religión, sino que exterminó diferentes culturas, tergiversó costumbres sociales y quebrantó principios religiosos extinguiendo valiosos Legados, por tanto y de ser cierto que procedemos de un Dios, como podemos estar seguro que es del Dios de Cristo y no del Dios de los Aztecas, los Incas o de los Egipcios, culturas tal vez mucho mas milenarias. Los cristianos en su afán de poder y supremacía, con los crímenes más atroces de la historia aniquilaron toda competencia. Quizás muchos o todos consideremos a Jesucristo como el hombre más trascendental de la historia de todos los tiempos, pero ese mérito no sabemos si es propio de Cristo o del Imperio Romano, si tenemos como referencia como era y fue considerado Cristo antes y después del Concilio de Nicea I. Algunos historiadores y Teólogos concluyen que el cristianismo aprobado en el Primer Concilio de Nicea, es más afín con el particular cristianismo de Constantino I, y estos eruditos en la materia han declarado que esos principios son totalmente adverso con las enseñanzas de Cristo. Además de las contradicciones dentro de la Biblia actual y las distintas Religiones Cristiana, lo que más desacredita o resta prestigio, es que estas leyes y textos cristianos fueron establecidas en épocas inquisidoras por la voluntad e intereses de Tiranos paganos y de corruptos Sacerdotes, quienes estuvieron investido de extremo poder. Ej. Con cual DON de integridad Cristiana o de nobleza moral podemos honrar a Constantino El Grande.

Hoy día existe un movimiento en pos del descubrimiento de nuestro origen: Los de teorías y conversaciones con extraterrestres, los cazadores de Ovnis y gracias que hoy existe una bien fomentada civilización, no corremos el riesgo de sanguinarias guerras, y te garantizo que si hoy día no existiera la infalible prueba del ADN, este movimiento de creencias extraterrestres, ya hubiesen escogido al más sabio y hábil de sus seguidores y lo hubiesen presentado al mundo como el genuino y único hijo del Rey de la Galaxia Andrómeda, con quien sabe cual mensaje para nuestra civilización.

CAPÍTULO VIII

Los Conservadores por siglo han pretendido incluir o definir el "SEXO" como un sentimiento y hasta se inventaron, con el propósito de confundir y privarnos de libertad y derechos, la frase: "HACER EL AMOR" .. Pamplinas, el amor no se hace, el amor es un sentimiento que nace puro y espontaneo, incluso hasta han clasificado distintos géneros de "AMOR", otra vil patraña; Yo amo con vehemencia a mi hija pero no tengo deseo de tener sexo con ella, el hecho que yo ame con más intensidad y pureza a una persona, no significa que existan distintos tipos de sentimientos o amores, incluso, igual que el matrimonio, la amistad además de ser un principio de lealtad, es un sentimiento de amor. Un vivo ejemplo de emoción: El sexo y el hambre si están mezclado con necesidad y deseos y a diferencia del amor que es netamente espiritual, si existen múltiples manifestaciones de deseos y/o necesidades; para satisfacer tanto el hambre como el sexo, cada una de ellas, acorde a su manifestación, se requieren de una específica y particular atención o solución para sofocar esa necesidad. Cuando una relación esta netamente concebida por emociones, termina por aburrimiento, porque el abuso en saciar un deseo concluye disipando el placer al grado de saturación, el amor jamás hastía.

INFIDELIDAD: Para el grupo más feliz y extremo de los Liberales: Los Swingers, solo es cuando se ofende o traiciona sentimentalmente. Después de haber logrado consolidar una verdadera relación familiar, se vive sin fronteras, sin horizontes, donde no hay lugar en ningún aspecto para desconfianzas, dudas, secretos, mentiras. Los Swingers han evolucionando este estilo de vida como alternativo y seguro para selectas pareja que aun se respetan y se aman; para aquellos que solo acondicionan y fundamentan sus relaciones a los sentimientos y respetan las emociones; para aquellos que se miden o se dejan medir con la misma vara que miden a los demás, porque la Ley más justa y recíproca de la vida es: ojo por ojo y no ofensas por sumisión.

Un ejemplo muy real: Tanto hombres como mujeres felizmente casados se deleitan con sexo extramarital y esto es y será inevitable porque sin excepción, esta fuera del control y la voluntad de todos. El mensaje es simple: HONESTIDAD; Por qué exteriorizar derechos y deseos a escondida? Por qué mentir y fingir revistiendo la verdad con una falsa ilusión? La Época que hoy día se vive ya rompió las cadenas discriminatorias que subyugaban otros sectores más conflictivos y problemáticos con la moral individual, social y sexual. Tanto hombre como mujeres pueden estar con alguien más hermoso, más joven, más temperamental y hasta más cariñosos, y no obstante a cuantas artimañas y empeño ponga ese tercero/a por conquistar, no logrará romper el vínculo matrimonial, ni hará que esposos/as cambien a su cónyuge por ese alguien que, en esa etapa, nos abruma y nos hace vibrar. Esta actitud es reconfortante, es un privilegio saber que alguien te ama y que bajo ninguna circunstancia te abandonará;

Creo que al sopesar esta alternativa de la honestidad, la mentira no tiene lugar. Debemos ser capaces de aceptar por amor o rechazar por orgullo, pero sobre todo vivir con la satisfacción de la solidez de nuestra decisiones y no con los secretos; La mentira genera más mentiras que poco a poco nos van introduciendo en ese laberinto de perdición y angustia que provoca la auto especulación sobre cuál será la reacción o determinación del conyugue deshonrando, y esto por culpa y temor nos arroja a tomar decisiones tal vez erradas, condenando a ambos cónyuges a la desdicha. Cuando queremos comportarnos de un modo liberal y no queremos perder, lastimar ni ofender al ser que amamos, para la tranquilidad y felicidad de ambos, debemos crear y movernos dentro de una plataforma de absoluta libertad; de plena confianza y sinceridad; sin prohibiciones o condiciones, por consiguiente, la omisión de detalles no significa mentiras porque los cónyuges estarán consciente que siempre obtendrán la verdad cuando demanden o deseen saber sobre algo. En un sistema, no solo de confianza sino principalmente de honestidad y respeto, se concibe una relación perfecta y justa. El mensaje es obvio: No haga lo que no te gusta que te hagan, y si te vas a comportar de una forma liberal, hazlo con el libre derecho de materializar tus emociones sin engaños y, asimismo, aceptarás y permitirás con placer que tu pareja, sin estar motivada por la venganza, decida con libertad y sin represalias que actitud asumirá como respuesta a sus emociones y tus devaneos. Muchos consideramos más dignidad, integridad, respeto y amor en una pareja honesta y liberal que en esa que sostiene una relación colmada de traiciones, secretos, mentiras y desamor. El matrimonio al igual que la amistad ambos están concebidos por un principio de lealtad y son de un solo término: HONESTIDAD. Al considerar bajo cualquier contexto de relación, motivación, satisfacción y objetivo posible entre la honestidad con el sexo, los resultados obtenidos son paralelos y en la mayoría de los casos incompatibles e imposible de mezclar.

El matrimonio está fundado por el principio de lealtad, como también por el sentimiento de amor, cuando se ofrece confianza y libertad, y se comete esa acción sexual con secretos y engaños conceptuada como adulterio, eso es traición, desamor, infidelidad y esto bajo ningún concepto o deseos, esa persona, sea hombre o mujer, debe ser perdonada, no es digna ni merece confianza, respeto. Creo que tanto por integridad como por honestidad, los cónyuges deben de tener la libre opción de tanto divorciarse, como tolerar, compartir o actuar con la misma reciprocidad emocional. No digo que cada vez que cada vez que se tomen su bebida favorita, se coman su plato preferido o se deleite con sexo, corran a confesarse, solo eduquen a sus cónyuges dejándole saber quiénes son ustedes y si alguna vez Ella o El pregunta sobre que comiste, bebiste o hiciste, entonces serán absolutamente sinceros; por egoísmo y codicia no sostengan una relación. Tal vez esta estrategia, razonamiento o definición sea inconcebible, ilógica o irracional, pero muchos prefieren esta opción antes que ser víctima de la traición y secretos. Los intencionados secretos, las verdades a medias, laceran la integridad conyugal y denigran la condición humana tanto en conservadores como en liberales. Yo no estoy aconsejando, ni estoy sugiriendo, solo estoy redactando experiencias vividas y escuchadas para que si son del interés de alguien, entonces las analices y sacando sus propias conclusiones, si deseas llevar una vida honesta, las pongas en práctica si las necesitan, no obstante, el método en que alguien concluya o emplee será como resultado o influenciado por sus propios sentimientos, emociones; de sus principios, perjuicios y definición; de su concepto de moral. Cuando alguien busca absoluta orientación para manejar o proyectar su vida, terminará confundido porque no será El, ni tampoco será el Otro, debemos nutrirnos con las experiencias; ser autodidacta en la formación de nuestro carácter, y siendo nosotros mismos poder realizar con equilibrio y auto conciencia nuestro destino. Este tema no tiene un patrón específico, cada situación y carácter requiere de su propio estilo, además, cuando alguien concluye por si mismo quien será, siempre estará satisfecho por sus decisiones.

CAPÍTULO IX

Yo sé que soy un analfabeto con colorete de limitada instrucción académica, pero aún así ni mi moral padece de distrofia, ni mi interpretación es raquítica, ni mi expresión es un parásito; Así es como yo siento y veo este aspecto de la moral y la condición humana, y estoy seguro que toda persona con criterio propio; con voluntad independiente, tiene su propia y auténtica convicción respecto a este tema. A mi criterio, Moral y Carácter; Emociones y Sentimientos aunque quizás se hereden, no responden a patologías, no se trasmiten por un virus, por ende, no hay enfermedad, ni cura, tampoco nadie podrá adquirir, ni trasmitir mediante cualquier tipo de enseñanzas, determinados sentimientos, emociones y moral, porque estas materias no están fundamentadas en una Ciencia exacta, por consiguiente, ni el más ilustre y sabio Profesional podría establecer o definir con exactitud un patrón de conducta común, además de petulante jactancia, y de hipotéticamente ser posible, intentarlo y lograrlo, sería ir contra la evolución de la condición humana, por ende este es un tema que nos incumbe a todos, porque es la fuente que genera los elementos que nos distingue y también definen quiénes somos, y como tal estamos facultados a opinar, comparar y hasta aconsejar sin pretender que alguien sea como nosotros.

Los puntos que expongo simplemente son el resultado de mis reflexiones y las conclusiones sobre mis experiencias, mis conocimientos; De cómo han sido afectado mis emociones y sentimientos por cualquier evento: vivido, leído o escuchado. Tal vez muchos concuerden o discrepen con mi modo de sentir, pensar y ver sobre los temas que yo expongo, pero es ahí lo grandioso y maravilloso del debate de toda hipótesis o el equilibrio de una tesis.

El objetivo de mi atrevimiento a escribir, es motivar a que todos expongamos como cada cual interpreta las distintas facetas sociales de las conductas del ser humano, yo estoy seguro que eso contribuirá de modo positivo en la constante evolución de la condición Humana. Es preciso que todos contribuyamos para que el mundo deje de andar como en tiempo de nuestros abuelos: Patas para arriba, y que ahora sea como nuestra Época define y demanda: De una forma erguida y sin vergüenza exponiendo quienes somos, todos debemos marchar por la senda de nuestras vidas; atravesar por el centro de cualquier Sociedad con orgullo, dignidad y respeto.

Los Tradicionalistas tiene el mal hábito de atacar y criticar todo lo que está en desacuerdo con lo que ellos conciben y promulgan e incluso aun continúan creyéndose con esa facultad o autoridad reaccionaria de establecer las normas sociales como en épocas pasadas sin tener en cuenta que el lastre que hace sabia, grande y diferente a nuestra Sociedad de hoy día es el respeto y la libertad.

Los Conservadores opinan o atribuyen que como "REAL" es el conocido matrimonio tradicional y solamente concebido entre los de sexo opuesto. Hoy día respeto y moral se identifican, pero debemos preguntarnos que es realidad y que es ficción; aunque la realidad es tangible y visible, para muchos la realidad, al igual que la moral, no difiere del mismo concepto enigmático o del significado filosófico de cada persona. Realidad no siempre es la evidencia de todo lo que vemos y tocamos, porque debido a la manipulación, alteración o lo que ocultamos en cualquier cosa que mostremos, puede dejar de convertirse en real e irrefutable. La realidad es individual; es lo que te distingue y a la vez nos identifica con las ambiciones, emociones y deseos de cada individuo en particular; algunos conceptúan que la realidad es la verdad combinada con la moral y el respeto. Muchos opinamos: Los valores sentimentales y morales que se debe conceptuar como Convencional a cualquier matrimonio, son sencillo y simple: Honestidad, Respeto y Amor.

La Sociedad de hoy día ha desinhibido de todo perjuicios a padres e hijos permitiéndole a los jóvenes mayores de 18 años la opción de vivir en parejas antes de formalizar una unión y esto ha generado una libre y amplia gama de amistad. El sexo de esta generación no provoca conflicto moral ni social y es muy frecuente concebido por placer o emoción sin ningún tipo de consecuencias entre amigos; esta libertad ha enseñado a diferenciar que es emoción y sentimiento; a poner bajo un nuevo contexto de sinceridad la palabra honestidad; ha dado lugar al nacimiento de un movimiento alternativo llamado swinger, el cual y con el objetivo de erradicar el llamado matrimonio disfuncional, ha puesto de manifiesto un nuevo y alternativo estilo de vida para personas que se aman.

Las emociones jamás traicionan el vínculo que une a una familia porque la acción sexo obedece al deseo y no al Corazón. Para los swingers, lealtad y amor van de la mano hasta el final y con el propósito de espantar el nefasto fantasma del aburrimiento y los celos, juntos o por separados, viven sus emociones sin perjuicios, ni censura, ni temores, además es sabido que se sufre de celos por lo que imaginamos, no por lo que vemos; Se es víctima de traición por lo que se oculta y no por lo que vivimos o sabemos. Prohibición es sinónimo de curiosidad; de reto y traición. Si no hay prohibición, no habrá motivos para que el morbo nos invite a experimentar. Existe un dicho muy popular y contagioso: Si nosotros tuviéramos el corazón en la cabeza y el cerebro en el pecho los matrimonios fueran eterno porque pensaríamos con amor y amaríamos con inteligencia, pero yo discrepo porque yo estoy seguro que bajo esa opción o definición solo se contraerían relaciones maquiavélicas que extinguiría esa encantadora magia del Amor que con emotiva belleza hace llegar la flamante llama de la Pasión hasta la vejez en selectas parejas concebidas por esa seguridad y perfección sentimental que no distingue entre conservadores y liberales, en esa etapa de la vida donde el Amor premia a las vibraciones emocionales con absoluta nobleza e ingenuidad; La etapa donde emoción y sentimiento se funden convirtiéndose en sutil, ingenuo y real Amor; donde se deja de ser conyugue para ser el AMOR personificado.

Los Swingers no son hipócritas, no actúan provocado por la ansiedad, no corren riesgos, rechazos, no necesitan justificación ni rendir cuentas y lo más importante, no mienten, no ocultan e incluso comparten. Esta condición o revolucionario estilo de vida otorga confianza, respeto, deseos y amor consolidando un perfecto y feliz matrimonio, pues después de haber creado una familia, es una obligatoria responsabilidad educar, cuidar y amar esa familia hasta

el final del camino. REALIDAD: El mejor padrastro o
madrasta del Planeta jamás llegará a suplantar ni al peor
padre o madre del mundo, la sangre siempre llama. No
exhorto ni hago propaganda y como creo que la condición
humana es igual para hombres y mujeres, digo que aunque
no solicites, concedas lo mismo que tú otorgas, y así con
honestidad equilibrar la balanza. Hay que reconocer que
no podemos controlar, gobernar o luchar contra la voluntad
y deseos de otros; en la mayoría de los casos, en secreto
ejecutan sus deseos aunque en esas acciones le cueste la
vida, su felicidad, el bienestar familiar.

Atendiendo que un Swinger de los tantos que han podido
leer este manuscrito, me señaló que el concepto Swinger
solo responde al intercambio de parejas cuando todos
están de acuerdo y no a la libre elección de cada cual. Yo
creo que además del acuerdo, debe predominar el agrado
y el deseo. Si este evolutivo estilo de vida está sujeto a esa
regla, entonces no serán un matrimonio Liberal, sino un
matrimonio condicional y de convenios, donde la mujer, en
algunas ocasiones tiene que aceptar contra su interés o deseos
para complacer a su esposo, y esto lo fundamento al tener
en cuenta que en lo relacionado al sexo, por condición, el
hombre es oportunista y la mujer selectiva. Si esta condición
o exigencia existe en algunos matrimonios Liberales,
entonces considero que esos matrimonios están concebidos
en ventajas y oportunismo y no en el respeto y la libertad
que yo considero debe demandar y establecer el concepto
liberal, ya que el hombre está utilizando a la mujer como un
medio que le facilite la oportunidad de sexo. La mujer no es
una propiedad del hombre, ni tampoco debe ser usada como
carnada. Existe una sola regla para cada concepto: Liberal sin
condiciones o Conservador con las prohibiciones.

CAPÍTULO X

Los machistas consideran el SEXO un derecho solo de hombres. Una de las características más esenciales de la condición humana es valorar y aceptar lo que más nos conviene, por eso al observar la conducta del reino animal en su hábitat natural o salvaje, justificamos nuestro egoísmo alegando que por naturaleza la hembra es para un solo macho y un macho para varias hembras, al ver que en la jungla por instinto existe el macho Alfa; Como un granjero selecciona un macho que denomina Semental; Como en la vida salvaje un macho forma una manada con un montón de hembras para él. Para fortuna (mas para varones que para hembras) de los flacos, gordos, débiles tanto corporal como de carácter, feos, bajitos enclenques, pobres, analfabetos y hasta con malformaciones físicas, el ser humano se diferencia del animal, porque además de instinto, también, y como el principal elemento, tiene sentimientos, virtud autónoma que rige nuestro destinos y se antepone a la vanidad, a la necesidad, a lo superfluo; virtud que nos distingue como el superior del género animal y por esos excelsos sentimientos con orgullo y distinción existen un gran porciento de parejas que bajo muchos o todos los enfoques comparativos son disparejas, pero sentimentalmente muy felices y sólidas, que salvaron muchos obstáculos y fronteras para compactarse en Amor.

Sin embargo, en la naturaleza existen especies monógamas y estos hasta machistas de horizontes muy limitados, no se detiene para observar y compararse con Insectos, Aves y hasta Animales, leales hasta la muerte a su pareja.

El matrimonio es una de las leyes naturales intrínsecas en la vida del ser humano, pero no tenemos que vivir con el mito que el ser humano fue concebido para vivir en pareja, las leyes fueron creadas para perpetuar con lealtad la convivencia de parejas y esto aplica en ambos sexos, pero de ser cierto las estadísticas de las encuestas, pongamos en otra perspectiva y contexto la honestidad de la palabra LEALTAD. Muchos consideramos matrimonio disfuncional aquellos, que uno o ambos cónyuges, llevan una vida de infidelidades y secretos. Hoy día la mujer es tan o más independiente que un hombre, no tiene ningún tipo de límites y posee las mismas obligaciones y libertades. En muchas ocasiones la mujer puede ser más autodidacta y autónoma que cualquier hombre. El sexo no es solamente un derecho de ambos, más allá del placer, la mujer esta maravillosamente dotada con la absoluta decisión y capacidad de la más sublime de las consecuencias del coito: La Maternidad.

Según criterio o estudios se presume que no existe mujer que como mínimo dos ocasiones en la semana haya deseado pasar un momento de desenfrenada lujuria con algún extraño que se cruzó con ella en algún lugar, o que haya fantaseado con su Artista favorito, incluso pudo haber sido cortejada por un amigo o vecino de su agrado, y por estar prisionera de los perjuicios, tabúes y/o creencias reprime sus derechos, emociones y apetitos. Fantasear y desear no es solo una capacidad de hombres, creo que la mujer por su sensualidad es más sexual. Creo además que al igual que el Amor, y sin importar la intención, el Deseo también tiene ese encanto mágico que nos ilusiona y en algunos momentos hasta con más intensidad nos sumerge en esa fantasía que nos hace soñar y deleitarnos hasta con lo imposible o irreal, por eso mientras nos embelesa esa magia y (aunque nos haga vivir por una breve etapa dentro de una frágil burbuja) cumpla con el objetivo de hacer que ambos se sientan importante, alegres y satisfecho; en que ambos se deseen, se busquen y gocen con la misma intensidad, lo que menos cuenta es la intención con que cada cual formó esa relación, lo importante es vivir al máximo ese momento, porque eso es uno de los excepcionales e irrepetibles obsequios de disfrute con que somos compensado por esa Divinidad llamada: Oportunidad.

Acorde los resultados de algunos estudios realizados por ciertos Profesionales, las mujeres jamás sueñan con sus parejas actuales, lo que significa que tanto consciente, como en su subconsciente se deleitan con sus fantasías, incluso solo en sueños logran alcanzar ese fascinante Clímax que está compuesto por la mas culminante mezcla de espasmos y excitaciones erógenas. Si esa persona del agrado para las fantasías de una mujer está su alcance, tal vez envuelto en ese oscuro morbo de secretos y misterios desenfrene su lujuria, o quizás se reprima por la confusión que genera el conflicto entre perjuicio y deseo; por sentimientos y emociones encontrados. Sin embargo las mujeres se auto privan de valorar la realidad: Es sabido por todos que el 98% de los hombres jamás dejará pasar la oportunidad de tener sexo, ni temerá a las consecuencias. Si ese hombre fuera sorprendido en el acto, o posterior al hecho es descubierto, por hipocresía, egoísmo o quizás por amor, manifieste algún tipo de arrepentimiento con el propósito de salvar y conservar su familia. Considerando la realidad de nuestra Época, yo quisiera que todos, sin hipocresía ni perjuicios, se explicaran a sí mismo de un modo fehaciente y contundente en que afecta el sexo al vínculo familiar, al estatus Social y la integridad moral, porque atendiendo a las encuestas y estadísticas, no obstante a ese volumen de adulterio en ambos sexos, los matrimonio continúan sin evolucionar sus reglas, o es que el engaño y la traición es lo que distingue al matrimonio actual. Bueno acorde los resultados que arrojan las estadísticas de esas encuestas realizadas y registradas, debemos aceptar que aunque no haya evolución en las reglas, si hay adaptación implícita como: Secretos, misterios, mentiras, deslealtad, traición, etc., degenerando al matrimonio en la clásica comedia humana; en un degradante carnaval de disfraces.

Existe una etapa en la vida donde y cuando somos completamente FELIZ: Cuando somos adolescente vivimos sin perjuicios, las acciones son inocentes, los hechos son sanos, las relaciones sinceras, las emociones prevalecen, la amistad y el sexo se funden en diversión y placer alcanzando los orgasmos más efervescentes de nuestras vidas. Es la etapa donde el sexo prevalece sin interponerse con la Amistad. Este mismo concepto es lo que caracteriza a los SWINGERS en sus reuniones donde el sexo por placer no ocasiona el dilema de luego continuar siendo respetuosos, incondicional y excelentes amigos, porque lo negativo como el orgullo es sustituido por la honestidad; los perjuicios por la razón. De estas experiencias y placeres aprendemos a diferenciar y sublimar el sexo matrimonial, y nos remitimos a las estadísticas, no solo es muy bajo el índice de divorcio, si no es inmenso el porcentaje de matrimonios salvados cuando, muchas parejas buscando solución a su deteriorado matrimonio, han incursionado en el mundo SWINGER y mirando, no de una perspectiva diferente y/o negativa, si no REAL, te puedo asegurar que algún día existirá la COMUNIDAD SWINGER y será la comunidad más grande porque son los mejores, ya que para ellos lo más importante es la unión familiar que los perjuicios; porque son los que no les ponen antifaz a su matrimonio, ni denigran la honestidad.

Aunque pocos o muchos se ofendan con lo que yo he escrito, yo estoy seguro que todos saben que el sexo por placer jamás desaparecerá y es por esa razón que yo señalo y reconozco cuanta honestidad, respeto y equilibrio hay de los Swingers, sin embargo estoy muy convencido que no existe nada o algo con mas Honor y Dignidad que un matrimonio monógamo. No estoy de acuerdo con la mentira, los secretos, la traición en fin con ninguna acción que envilezca la palabra Honor, ni denigre la palabra Honestidad, debemos imponer verdad y respeto para no permitir que el Matrimonio se convierta en un Circo de marionetas y payasos. Para muchos el matrimonio además de ser una acción solemne y sagrada que legaliza la unión de una pareja bajo las más estrictas y absolutas normas de lealtad, respeto y amor, no una acción que priva o modifica la identidad de alguien. Admiro a la mujer y al hombre que repudien la promiscuidad, pero sin que ellos pretendan que otros estén obligados de tomarlos como patrón de conducta; Hay que respetar la opción del liberal que enaltece la honestidad, como también la elección de ese conservador que si deshonra la honestidad.

Por resultados he llegado a concluir que este estilo de vida es la mejor opción para parejas que están al borde de la separación, pero que aun sentimentalmente se identifican, pues además de eliminar las barreras del tabú; De librarse de la hipocresía de esa falsa moral que todos tememos porque nos viste de una absurda vergüenza; también logra con éxito el reencuentro sexual y emocionalmente, ofreciendo salvar matrimonio, mantener la unión familiar, ser felices y sobre todo saber respetar y amar por lo que realmente somos y otorgamos.

Algunos profesionales has estimado posible que los swingers pueden estar entre el 6% o 7% de la población de los USA, de ser cierto, es bastante elevada esa cifra si consideramos que los menores de 18 años y los mayores de 65 años están fuera de esa población consciente, ávida y activa sexualmente.

CAPÍTULO XI

Desde tiempos muy remoto ha existido la esclavitud y la discriminación, leyes impías impuesta por el hombre. La rebeldía del Hombre negro y los cambios de épocas, favorecieron los distintos movimientos que luchaban en pos de la libertad en su triunfo para lograr abolir la esclavitud; Con el progreso y los derechos Civiles se erradicó la discriminación y hoy todos vivimos bajo los mismos derechos y condiciones Sociales, sin embargo, aunque cubierta por el manto de la hipocresía, la mujer acepta y vive conforme bajo un voluntario o impuesto yugo de moral déspota. Aún no entiendo por qué este concepto tan sumiso, esclavista, discriminatorio se continua trasmitiendo de generación a generación entre las mujeres y lo más sorprendente es que no se cumple con el mensaje, incluso las mujeres que en secretos con mas frecuencias deshonra la honestidad, son las que con ese típico cinismo, intentando solapar su mezquindad, con actitudes extremas y escandalosas se pronuncian con manifestaciones denigrantes contra la mujer liberalmente abierta … ES UNA OBSCENA FARSA!!!! Cuando una mujer al fornicar rompe este milenario y mal denominado círculo de honor y moral, cuando en realidad es un círculo de humillación y limitación, sin razón alguna trata de justificar su acción alegando abuso, descuido, curiosidad o debilidad con el objetivo de minimizar esa impuesta culpa. Las Leyes y Reglas Sociales han sido creadas por hombres, y como tal solo responden a los intereses y conveniencias de ellos. Considerando que moral y sexo no se relacionan, como también son elementos paralelos, creo que la hembra, ni ella ni otra persona deben tratar de menospreciar o menoscabar su dignidad tildándola de prostituta, adúltera... Al varón no se le ofende ni se le veja por exteriorizar su deseo sexual!!! La mujer está más comprometida, mas sacrificada que el hombre, pues además del trabajo que ayuda con el sustento, el 80% o más de ellas, también responde por las tareas del hogar. La mujer es sentimentalmente mas integra y solidaria que los hombres, además si una mujer por cualquier tipo de adversidad es víctima de una tragedia que cause separación física, en un 90% es más propenso que el hombre la abandone y viceversa solo, en un 20% la mujer abandonaría al hombre en su desgracia. Esta conclusión lo fundamento en experiencias y no es esa irracional definición que la mujer puede ser asexual... Honor a quien honor merece: Es mas integra que el hombre!!! La naturaleza es sabia y por eso escogió a la mujer para el rol de madre. No insinúo promiscuidad, exhorto balance en la moral sexual como un homenaje por al valor y honor que la mujer merece; Abogo por erradicar esa hipócrita fachada de moral, y vivir ambos sin consecuencias por materializar nuestros deseos y derechos, de lo contrario vivir con el respeto que ella demande y merezca.

Creo que al igual que el hombre la mujer debe de liberarse de esa fachada de moral que es tan sumisa como ficticia, y con naturalidad comience a confrontar, conquistar o intentar establecer una relación con el hombre de su agrado. Ella tiene que luchar por lo que quiere, pues tal vez deje pasar el amor de su vida por confundir orgullo con inferioridad, inseguridad, perjuicio. No se limiten al placer de rechazar lo que no les interesa, también experimente la decepción de sentirse rechazadas por quien ustedes pretenden. Esa Falsa y Farsa expresión de las mujeres: El es hombre y no tiene nada que perder, ... (QUE GANA???) Pero yo no puedo porque soy mujer.... (QUE PIERDE???)

La moral sumisa y hasta masoquista que por naturaleza o tradición la mujer opta, no es más que las consecuencias del violento y brutal abuso físico y psicológico que por siglos fue sometida a satisfacción de la voluntad y capricho del hombre desde el inicio de nuestra existencia; hasta incluso muy avanzada la Era Moderna, jamás en ninguna parte del mundo, en ninguna cultura, ni ningún grupo étnico, social, político y religioso, la mujer fue considerada con dignidad y respeto; además de ser propiedad personal de un hombre, era tratada igual o con peor brutalidad que un animal doméstico. Hasta la Era Contemporánea, con el progreso de la Ciencia y los Derechos Civiles y Humanos, fue que la mujer logro totalmente adquirir el lugar que le correspondía en la Sociedad. No sé si será sátira o realidad, pero se presume que en la antigüedad el hombre hacia suya a la mujer a "TRANCAZOS". Si la mujer, además de ser físicamente tal y como es, hubiese sido la dotada con fortaleza física del hombre, hoy, los sometidos a castigos e inferioridad hubiesen sido los hombres. Si desde el comienzo de la humanidad ambos, hombres y mujeres hubiesen predominado con la misma fuerza física, hoy día los privilegios sociales, morales y sexuales hubiesen sido igual para ambos sexo.

Te pondré otro ejemplo: El 90% de la mujer heterosexual si ve un acto Homosexual entre dos mujeres, lo tolera aunque no lo acepte. Si ve un acto Homosexual entre dos hombres, lo repudia y lo considera aberrante e inaceptable, yo creo que en lo que respecta moral sexual, las mujeres se identifican mucho más con los hombres que entre ellas mismas pues:

A) Atacan a las mujeres adulteras;
B) Atribuyen mérito a los hombres adúlteros y mujeriegos;
C) Toleran los actos Lésbicos;
D) Desprecian los actos Gay.

Si un varón ha tenido 100 novias, tanto la madre como el padre hablan de las hazañas de su hijo con desmedido placer y orgullo, pero jamás hablarían de su hija si ella hubiese tenido más de 3 novios... !!!Qué tipo de moral psicológica es esta??? ... Para una mujer solo hay un hombre en el mundo con el derecho a poseer todas las mujeres del universo: SU HIJO, y dos hombre con el derecho a una sola mujer: Su esposo y su padre.

Existe un programa radial de comedia llamado "LUIS JIMENEZ SHOW". Aunque en este programa que es para entretener y no para influenciar a una audiencia, se ataca abierta y crudamente a la Iglesia, a los Jefes de Gobiernos, las críticas y burlas son tan fuertes y grotescas que hasta se pueden catalogar como "OFENSAS", sin embargo y no obstante a las negativas (múltiples y variadas) opiniones de muchos, el programa crece en popularidad y audiencias, pero si este programa por chiste un día atacara moderadamente a la comunidad "GAY", al otro día no solo sería censurado por todo tipo de activistas comunitarios y gerentes radiales, yo creo que también sería cancelado y demandado, por eso, al igual que los Gays, es preciso que las mujeres, en virtud a los valores que rigen al matrimonio convencional, como también repudiando la promiscuidad, luchen por equilibrar la balanza sobre los preceptos de moral/sexual que desde un peldaño social se le discrimina o la hacen inferior, así tendrán la misma libertad sexual y atributos morales que los hombres. También los Swinger deben luchar por sus derechos y respeto, el sexo que se practica, aunque sea por placer o liberal, es legalmente biológico y natural. Es preciso comprender que moral y sexo, amor y deseo; sentimientos y emociones son conceptos diferentes, y sin perjuicios, ni vergüenza manifestarse abiertamente para dejar de ser conceptuado y/o marginado como un grupillo OBSCENO y DENIGRANTE.

Y para finalizar con mi disertación sobre los parámetros que por siglos ha privado a la mujer de sus derechos e igualdad expondré:

Hasta la década de los años correspondientes al 1940, además de las múltiples discriminaciones y déspotas limitaciones que sumisamente hacían de la mujer un ser inferior y acorralado; La dignidad y la moral de la mujer estaban obscenamente limitadas al Himen. Con la limitación académica de épocas muy drásticas, para una mujer soltera sin un Himen intacto que ofrecer, corría el riesgo de carecer de todo tipo de oportunidades y respeto. Cuando una mujer por deseos, necesidad o placer disfrutaba del sexo sin haber jamás contraído matrimonio, no solo era repudiada por hombres, también y con mas desdén por mujeres y hasta en muchas ocasiones era sometidas contra su voluntad y deseos a los extremos: Para garantizar el amor y respeto de sus padres, vivir internada en un Convento o si era repudiada por sus padres, familiares e incluso amistades, entonces ir a vivir a burdeles.

Al observar todos estos aspectos de las distintas etapas de la vida de la mujer, los cuales están presente en todos los manifiestos históricos y hasta religiosos, es por lo cual no comprendo en qué consiste el carácter tan falso, conformista y sumiso de ellas. Yo creo que las mujeres poseen con la misma intensidad, iguales apetitos, emociones y deseos que los hombres, por lo que no entiendo la capacidad de ellas para aceptar la discriminación como un sinónimo de orgullo, pudor, dignidad y moral. El equilibrio consiste en que ellas asciendan para tener igual libertad, privilegios y consecuencias que el hombre, o que los hombres desciendan para tener igual limitaciones y prohibiciones que las mujeres. Ambos sexos con los mismos perjuicios y beneficios morales tanto social como individual deben de ser aceptados y ostentados.

EPÍLOGO

Considerando que todos los temas que yo he redactado en mi libro no están fundamentado en una ficción, si no en la realidad que todos vemos, escuchamos y hasta podemos sentir, no entiendo ni encuentro la parte amoral, y por ende, no sé cómo catalogar ese ataque con que algunos me han agredido con el objetivo de ridiculizarme y restar prestigio a mis ideas, pero empezaré recordando que la Filosofía es la más abstracta, especulativa y evolutiva de las ciencias y el modo esquemático y sistemático con que los grandes pensadores de la humanidad han clasificado la conducta y moral humana, ha estado fundamentada en el tiempo y espacio de ellos vivieron, y para poder concebir la acción y la magnitud de sus ideas con la cual ellos desafiaron o apoyaron las políticas y conducta de esas épocas, hay que navegar en la historia conocida. Por citar algunos: Creo que tanto Hegel como Mark son dos grandes padres de la filosofía Universal y ambos han aportado mucho al gran desarrollo de la época actual. Aunque existen tendencias de Hegel tanto de izquierda y como de derecha, creo que siempre fue Idealista, contrario a Mark que fue Materialista.

Atendiendo que cada época presenta una nueva temática para resolver los problemas que por milenios han azotado a la humanidad y a la sociedad es por, aunque yo haya leído, si no he estudiado a estos grandes filósofos, ha sido porque considero que sus pensamientos y criterios hubiesen sido muy distintos si hubiesen vivido en esta época; Mi falta de interés por la filosofía antigua o moderna no fue por incompetencia, si no por incompatibilidad con esos cotidianos conceptos individuales, sociales y morales que distinguen cada civilización. Un ejemplo: aunque este ejemplo sea más Socio-Económico y Político que Filosófico; Al conocer las humillaciones, explotaciones y abuso que en Europa eran sometida la clase media y humilde en los siglos XVlll y XlX, yo creo que lo más apropiado era el sistema Marxista, aunque hoy día el Marxismo no tenga aceptación ni lógica, de ese mismo modo, con el avance de cada época, sociedad y civilización, ya sea en un tiempo más cercano o más lejanos, todas esas doctrinas filosóficas de esos grandes pensadores de todos los tiempos, carecerá de todo tipo de sentido y uso. Otro ejemplo que demuestra que el ser humano obra y piensa acorde como vive y lo que le rodea: Fue más fácil y posible para grandes escritores como Wells, Vernes, Clarke, Heinlein y otros, que basándose en su gran imaginación visualizaron algo imposible de su época y muy común en la nuestra, sin embargo ni para ellos ni para un gran "CLARIVIDENTE" como Nostradamus, fue imposible imaginar que llegase a existir una época donde hubiera concilio entre los homosexuales y prostitutas, tanto con la Iglesia como con la Sociedad.

Metafóricamente simbolizaré la vida o sociedad con un ÁRBOL; compararé al escritor con un pintor; al lienzo con el papel, el pincel con el lápiz, las letras con los colores y entonces pongamos el caballete frente a ese árbol que está delante de todos nosotros y pintemos todo lo que vemos, conocemos y hemos probado de ese gran y maravilloso árbol y aunque todos veamos y sepamos lo mismo, siempre daremos distintos matices y esto significa que aunque usemos las mismas palabras para describir nuestras conclusiones y criterios, debido a nuestro intelecto, nuestros sentimientos, emociones y moral siempre habrá un significado distinto que nos distingue uno de otros. Todos tenemos las mismas herramientas y elementos; aunque con diferentes características todos vivimos similares eventos y experiencias, por consiguiente debemos de respetar y admirar a todo el que osa manifestarse en contra de una injusticia. Hoy día existen varios y distintos movimientos, pero todos son en pos de la libertad, el respeto y la igualdad para evitar sociedades retrógradas.

Toda persona que haya leído mi libro sin estar predispuesta, sabrá que bajo todo principio y criterio en mi libro he dejado saber que el matrimonio es la entidad más sagrada y que solamente debe ser concebida cuando se alcance total madurez y estén presentes el amor, lealtad y confianza.

Aunque mi formación es atea y liberal, siempre me pronunciaré a favor de esa integridad que simboliza la monogamia y en contra la burla, el engaño y la traición que denigra al matrimonio convencional; Cuando expongo el estilo swinger como una opción alternativa matrimonial, es porque considero una infamia demandar por algo que no somos capaces de otorgar; es refiriéndome a esos egoístas que se creen con el derecho de prostituir el concepto HONOR; Es para aquellos que con falsedades y traiciones ponen en duda la integridad, no del matrimonio convencional, si no del matrimonio honesto.

Muchos consideramos que lealtad y confianza no son sinónimos de exclusividad sexual. Existen las parejas liberales y conservadoras y bajo el contexto, las reglas o fronteras de cada una, además de amor, en ambos tipos de matrimonio hay lealtad, confianza y honestidad. El sexo extramarital no es lo que ultraja el concepto Honestidad, ni lo sagrado que simboliza el matrimonio y mucho menos marchita el esplendor del amor.

El matrimonio no debe ser concebido por conveniencia ni como opción, si no por elección. Del mismo modo que políticos y religiosos seleccionan que sus parejas, que además del amor, tengan afinidad a las doctrinas de ellos, creo que también conservadores y liberales deben seleccionar parejas que se identifiquen con ellos para evitar en ambos género un matrimonio disfuncional.

Sé que nadie aprende o conoce el "valor" de algo por experiencias ajenas; Se que hay que haber sido víctima de alguna desgracia o como mínimo del infortunio para conocer el valor real de esa mujer que te ama y que eligió ser tu compañera por siempre; Se que si amamos, respetamos y protegemos como una mujer se merece, se obtendrán una mujer con tanto valor, lealtad y amor como el que distingue y emana de una madre.

EL MENSAJE DE MI LIBRO ES: AMOR, HONESTIDAD Y RESPETO

Como un anexo a mi libro explicaré algo que ha provocado confusión en algunos porque no fui lo suficiente explicito en esos temas: La edad y los amigos

LA EDAD: Esto que a continuación expondré no sé cómo o si estará dentro de algún esquema establecido por Profesionales, pero si lo tengo muy bien fundamento en hechos conocidos, experiencias vividas y no en toarías. La mayoría de Psicólogos y Sexólogo consideran importante que una pareja debe ser contemporánea para conseguir el triunfo y estabilidad emocional y sentimental en un matrimonio, pues la compatibilidad de carácter, de ánimos y voluntad es variable con el paso de los años. Por experiencia sé que cuando aun se es joven y en ambos hay química, afinidad y entrega, la diferencia de edad, hasta en un rango de 15 años, es un factor que no influye ni determina cuando una pareja ha sabido tanto sostener activa hasta la vejez los sentimientos y las emociones, como también conceder el amor, valor y respeto que cada conyugue ha sabido ganarse. ...Ah!! Existe otro grupo de "PROFESIONALES" que no son Psicólogos ni Sexólogos pero que también viven criticando, opinando y concluyendo sobre las intenciones de estas uniones: "LOS ENVIDIOSOS".

Aunque hay mucha realidad que estas uniones por lo general son concebidas por la bajeza propia del oportunismo, ventajas e intereses vs necesidad, inmoralidad o ambición. Considero que la opinión de los CRITICONES en estas situaciones afecta mucho más a la mujer que al hombre, por eso creo que no debemos generalizar debido que el mayor por ciento de las mujeres poseen integridad, moral y sobre todo son muy solidarias con el hombre que ha sabido amarla y valorar sus meritos, además y solo en esas parejas de una persona joven con nobles sentimientos e íntegros principios y un adulto de esos que positivamente el carácter evoluciona adaptándose a una nueva generación, puede funcionar. Han existido uniones, corta o largas, con mayor diferencia de edad y aunque el tiempo ha finalizado esa unión, no significa que no hubo aprecio, respeto y satisfacción por el lapso de tiempo que duro esa relación, incluso en una oportuna separación sin rencores ni ofensas, después de haber terminado esa unión de pareja, han perdurado una relación respetuosa, sincera y con mucho afecto como la de un verdadero y cercano familiar. Cuando la diferencia es muy grande si se sobreponen los apetitos y necesidades tantos biológicos como sociales propios de cada etapa de la vida humana, por eso es sabio no ser egoísta aferrándose a algo que ya no será funcional. Solamente los involucrados y los muy cercanos en estas disparejas uniones, son los que realmente conocen lo genuino y maravilloso que caracterizó el momento de estas fugaces relaciones. Los sentimientos fingidos son ásperos y grotescos; Los verdaderos son vibrantes conmueven y se sienten con ternura.

LOS AMIGOS: Cuando expuse la libertad sexual entre amigos, muchos pensaron que yo me refería a esa acción bajo el contexto del estilo swinger. Yo me refería a dos amigos solteros y sin objetivo de parejas entre ellos. Considero que esta etapa de libertad sexual entre amigos solo es posible en la adolescencia o en esa adultez cuando aun se es muy joven ni se tiene prisa por formalizar familia. Para poder tener la capacidad de evaluar y opinar sobre las consecuencias del sexo entre amigos, hay que haber experimentado esa acción, aunque sea una vez, en alguna etapa o momento de nuestras vidas, como adolescentes o muy jóvenes e incluso en una mediana adultez, aunque muchos creen que cuando este comportamiento ocurre entre adultos, esto solo es funcional y sin consecuencias colaterales en personas de formación liberal, porque los liberales saben diferenciar y manejar las emociones y los sentimientos por canales separados; porque saben distinguir y manejar el sexo sin confusiones; porque respetan los limites y no trascienden más allá del objetivo.

Un amigo mío y liberal desde sus vacaciones Universitarias, quien su esfuerzo lo ha privilegiado con un nivel intelectual y social bastante distinguido o elevado, me señaló que no por discriminación ni por repudio, si no por temor a chocar con algún remanente iceberg de ese pasado tabú social que aun flota en nuestra civilización, el cual causa asfixia de auto culpa, opinión y de vergüenza, todavía es muy prematuro para la aceptación del movimiento pos alternativo estilo de matrimonio liberal y que si aún este grupo es pequeño, se debe a que este tipo de matrimonio se fundamenta en libertad, confianza, lealtad absoluta y sin consecuencias, además de lo obvio: "EL AMOR". También hizo énfasis que la definición swinger es una actividad dentro del matrimonio liberal, pero que por inmadurez, confusión o motivado por un aspecto de extrema y malsana diversión, es posible que haya una extensa población mal denomina Swinger, incluso, este amigo mío considera que esta práctica solo debe realizarse entre parejas con un buen nivel de amistad y confianza, porque el sexo entre amigos es fantástico, la confianza facilita trascender o incursionar en todas las emociones con diversión y sin el temor de lastimar u ofender los sentimientos ni el honor de alguien, porque por encima del sexo y la fiesta, lo que importa cuidar y proteger es la amistad; también agrega que el sexo con desconocido jamás será seguro, divertido ni placentero, porque además de exponerse a todo tipo de riesgos, no existen emociones ni confianza ni intereses ni relaciones que proteger. Apoyado en este honorable criterio se considera una ofensa al concepto Liberal de esos individuos que buscando sexo con otras personas de su misma o diferentes lengua exponen: Yo hablo, Ingles o Español o Ruso, etc. y también hablo el idioma del Amor o Sexo. Él cree que hoy día podemos considerar adecuada, tanto para conservadores como liberales el concepto del llamado matrimonio convencional, porque al ritmo que se están moviendo y cambiando las civilizaciones, pronto también será tradicional el matrimonio liberal, pues al observar el comportamiento y la aceptación de diversas conductas impropias que ha optando la población en general; como también sopesando los motivos más comunes y frecuentes que definen como disfuncional al matrimonio conservador, que incluso, en algunos casos el resultado de esos mismos motivos también definen como disfuncional a un matrimonio liberal, pues del mismo modo que hay mal llamados conservadores asimismo existen mal llamados liberales y que ambos desacreditan la integridad de cada género.

Aborde el tema relacionado con los Swinger para recordarle a esas personas, ya sean hombre o mujeres, que existe un alterno estilo de vida que no entra en conflicto con la vida sexual que ellos quieren vivir acorde sus necesidades, deseos y apetitos, donde, desde otra perspectiva, existe tanto o más respeto, honestidad y moral en una unión marital conservadora disfuncional. Creo que no se debe traicionar ni mentir a la persona que estará presente por siempre en la vida de alguien y que cada cual debe de tener la opción de aceptar o rechazar, como de elegir lo que considere honorable o favorable.

Volvamos al tema del sexo liberal entre amigos: Si ninguno de esos dos amigos no sostienen algún tipo de compromiso o relación sentimental con otra persona, y considerando que la emoción, aunque influye no solidifica sentimentalmente ninguna a relación de pareja, creo que mientras no se involucre algún tipo de interés o propósito en uno o ambos de los amigos en cuestión, ni para bien ni para mal, el sexo en nada afecta a esa amistad. El sexo siempre debe de aparecer de forma imprevista y con el deseo de ambos; no podemos premeditar ni anticipar la posibilidad de tener sexo con alguien en algún evento entre amigos. Si nos proponemos terminar con sexo y no se obtiene, entonces terminaremos con frustración. El sexo fortuito entre amigos además de ser más exquisito e incondicional, solo puede determinar con quien sentirnos más alegre y satisfecho durante y al final de un día de reunión o fiesta. El sexo debe realizarse por placer y, como la culminación de nuestra satisfacción, debe ser concebido un ingrediente como lo fue la música, la comida y la bebida de esa fiesta, no obstante, algunos, principalmente jóvenes, afirman que debido al aprecio y la confianza el sexo entre amigos es seguro, divertido, placentero, alegre y muy satisfactorio, que solo los solteros "MUY" adultos interpretan una acción sexual como la antesala de una relación formal que garantiza la última unión, en jóvenes no existe ese riesgo de confusión ni de búsqueda.

La amistad con beneficio es algo muy distinto al sexo entre amigos. La amistad con beneficio es una relación turbia basada en intereses que hasta incluso, por ambición y temor de perder el bien financiero, puede generar celos y ridículas escenas posesivas. A mi criterio el uso de la palabra AMISTAD en este tipo de relación es una ofensa a la moral, lealtad y amor que simboliza esta palabra, porque el objetivo de esta unión es de intercambio financiero por deshonor;

donde uno no brinda ni recibe emocionalmente NADA y el otro solo obtiene autosatisfacción mezquina y pagada.

Todos tenemos dos familia; la biológica y la que nosotros por selección elegimos para que este incondicionalmente a nuestro lado en los momentos de triunfos y reveses y esta familia se denomina AMISTAD la cual, en la mayoría de los casos es más importante que la biológica. Por eso es asqueroso que personas que se auto denigran usen esta palabra para clasificar su deshora.

Este libro está concebido con el objetivo de enseñarnos que no somos jueces, ni estamos para juzgar utilizando como patrón nuestra conducta para condenar o excusar a terceros, solo somos parte de una comunidad civilizada y como tal solo debemos respetar y aceptar la libertad y los derechos total de cada persona.

Nota:

Para los conocedores del idioma Español señalaré que con la intención de pulir mi manuscrito, la Editorial me ofreció el servicio para corregir los errores gramaticales y problemas de redacción, pero no por auto suficiencia, si no por la razón de querer ser 100% "YO" en este mi primer trabajo, rechacé la corrección a cualquier posible error.

BIOGRAFÍA

Autor: Julio S. Cabrera Núñez

Nacido en Cuba el 11 de Noviembre de 1952 en un pueblito llamado El Caney, pero crecí y viví en la Ciudad Santiago de Cuba.

Yo provengo de una familia humilde pero maravillosamente grandiosa, la cual nos distingue y nos une un gran respeto y amor.

Yo he estado casado por 30 años con mi esposa actual, nosotros somos un matrimonio consagrada por un gran respeto y amor; es mi segundo matrimonio.

Bajo la Ley de refugiado Político, en Febrero del 1992 yo viajé por avión desde la Ciudad de la Habana, Cuba a la Ciudad de Miami, en Florida, Estados Unidos de América y en este viaje yo fui acompañado por mi esposa y nuestra hija, ya establecido hice llegar a los USA mis hijos del anterior matrimonio.

Viví en la Ciudad de Miami hasta el Año 2003. Desde Septiembre del 2003 hasta el presente vivo en la Ciudad de Cape Coral, Florida.

Bajo mi propia Compañía, trabajé como Contratista de Construcción. Actualmente estoy retirado.

CPSIA information can be obtained at www.ICGtesting.com
Printed in the USA
LVOW07*1116010415

432673LV00002B/18/P